つながる
コンピュータ
リテラシー

情報Ⅰの復習から活用スキルまで

[監修]
兼宗　進
石塚 丈晴

[著]
荒木 千秋
島袋 舞子

近代科学社

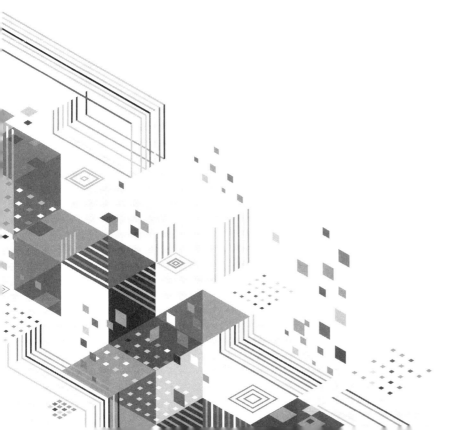

はじめに

　本書は、高等学校や大学などで、コンピュータを使った情報活用能力の育成を目的とした教科書です。スマートフォンやタブレットの操作に慣れていても、コンピュータの操作には慣れていない生徒や学生を対象としています。高校や大学での勉強に活用したり、卒業後に社会で活躍したりしていくために必要なコンピュータの基礎的な操作や、安全にコンピュータを使っていくための知識やスキルを習得することを目的にしています。

　社会では、スマートフォン、タブレット、コンピュータなどの情報端末を使って、学習や仕事を進めることが当然になりました。しかし、情報機器を十分に活用するためには、基礎的な知識やスキルが求められます。このような背景から、小学校から中学校では情報機器を授業の中で活用することが行われ、高等学校では情報の授業で情報活用能力を育成することが行われています。また、大学においてもコンピュータリテラシーをはじめとする情報活用能力に加え、数理・データサイエンス・AI教育も進められています。

　高等学校では、2022年度から「情報Ⅰ」が必履修科目になり、すべての高校生が情報の基礎を学習します。情報Ⅰは、「情報社会の問題解決」「コミュニケーションと情報デザイン」「コンピュータとプログラミング」「情報通信ネットワークとデータの活用」の四つの内容から構成されています。本書では、情報Ⅰを学んだ高校生がさらに学びを深めたり、大学や社会で情報活用を行える力を習得したりすることをねらいとしています。

　情報教育で身に付ける力として、文部科学省は三つの力を定めています。「知識及び技能」については、情報の知識を活用して課題を発見し、解決する方法を身に付けるとともに、情報社会で生活するために必要な法律やマナーなどを理解します。「思考力、判断力、表現力等」については、様々な情報を科学的な見方で観察するとともに、問題を発見して解決するために、情報の知識や技術を活用する力を養います。「学びに向かう力、人間性等」については、情報を適切に活用していく態度や、情報セキュリティを理解し、安全に情報を活用する力、そして情報の知識や技術を活用して社会をよりよくしていく態度を育成します。

　このような情報に関する教育は、新たに始まった現在の教育課程において、小学校から中学校、高等学校まで一貫して学ぶことになっています。中学校では、各教科での活用に加えて、技術・家庭科の技術分野において情報の技術を学習します。高等学校では、それを受けて情報Ⅰの学習を行い、大学などに進学した後は、高校で学んだ情報の知識やスキルを活かす形で、大学での学習や研究に役立てることが期待されています。是非本書を活用してこれからの時代に必要な情報活用能力を身に付けていきましょう。

本書の構成は次のようになっています。

第 1 章では「情報 I の復習」として、「情報社会の問題解決」「コミュニケーションと情報デザイン」「コンピュータとプログラミング」「情報通信ネットワークとデータの活用」の内容を確認します。

第 2 章では「コンピュータの基本操作」として、コンピュータの初期設定や、使っていくための基本操作を学びます。

第 3 章では「情報セキュリティ」として、安全に情報機器を活用していくために、自分が被害者や加害者にならないための知識を学びます。

第 4 章では「Web の活用・情報検索」として、インターネットでの情報収集や情報検索、情報発信について学びます。

第 5 章では「文書作成」として、課題のレポートや研究論文などを書くための、操作方法などの基本的なスキルを学びます。

第 6 章では「表計算」として、データをわかりやすく整理したり情報を表の形でわかりやすくまとめたりする方法を学びます。

第 7 章では「プレゼンテーション」として、伝えたい内容を相手にわかりやすく伝えるための方法と具体的なスライドの作り方を学びます。

第 8 章では「プログラミングとソフトウェア」として、プログラムの基本的な考え方と、プログラムを使った問題の解決方法について学びます。

第 9 章では「データ分析の基礎」として、実験データや調査データを集計・分析したり、グラフなどで可視化したりする方法を学びます。

情報を活用するための知識やスキルは、バラバラなままでは使うことができません。本書では、「つながる」をキーワードに、「高等学校からの情報学習の連続性」や「各章の内容が互いにつながった形で体系的に理解できる」などのつながりを重視することで、コンピュータを安全に効率よく活用する方法を学び、さまざまな学習に情報機器を活用していくためのスキルを身に付けることができるように構成されています。

コンピュータの操作説明には、Windows11 と macOS14 (Sonoma) を使用し、文書作成等では Windows 版の Microsoft Office 2021 を使用しています。本書の挿絵は大阪電気通信大学 4 年生の林久美子さんが担当してくれました。日頃から授業のアドバイスをいただいている大阪電気通信大学の小関啓子先生、近代科学社の編集部をはじめとする関係者のみなさまに感謝申し上げます。

2024 年 11 月
著者一同

目次

はじめに …………………………………………………………………………… ii

第 1 章　情報 I の復習　**001**
1.1　情報社会の問題解決 ……………………………………………………… 002
1.2　コミュニケーションと情報デザイン …………………………………… 008
1.3　コンピュータとプログラミング ………………………………………… 012
1.4　情報通信ネットワークとデータの活用 ………………………………… 017

第 2 章　コンピュータの基本操作　**021**
2.1　コンピュータの起動とログイン ………………………………………… 022
2.2　アプリケーションの起動と終了 ………………………………………… 022
2.3　コンピュータの終了 ……………………………………………………… 024
2.4　マウスの操作 ……………………………………………………………… 026
2.5　ネットワークへの接続 …………………………………………………… 026
2.6　キー入力の基礎 …………………………………………………………… 028
2.7　ファイルとフォルダ ……………………………………………………… 034
2.8　端末情報の確認方法 ……………………………………………………… 035

第 3 章　情報セキュリティ　**039**
3.1　情報セキュリティとは …………………………………………………… 040
3.2　ネットワークとインターネット ………………………………………… 040
3.3　インターネットの仕組み ………………………………………………… 042
3.4　インターネットを利用する上でのセキュリティ ……………………… 042
3.5　マルウェアへの対策 ……………………………………………………… 043
3.6　コンピュータのセキュリティ対策 ……………………………………… 044
3.7　スマートフォンのセキュリティ ………………………………………… 045

第 4 章　Web の活用・情報検索　**047**
4.1　Web 活用の基礎 …………………………………………………………… 048
4.2　情報発信の注意点─発信者の心得 ……………………………………… 051
4.3　情報発信としてのメールのマナー ……………………………………… 051
4.4　情報発信としてのオンライン会議のマナー …………………………… 056
4.5　引用・参考文献の基礎 …………………………………………………… 057

第 5 章　文書作成　　061

- 5.1　コンピュータによる文書作成　062
- 5.2　Microsoft Word の基本操作　062
- 5.3　文書作成の基礎　063
- 5.4　文書への図表挿入　072
- 5.5　文書作成の応用　080

第 6 章　表計算　　089

- 6.1　表計算ソフトの活用場面　090
- 6.2　Microsoft Excel の基本操作　090
- 6.3　表作成の基礎　094
- 6.4　グラフの作成　100
- 6.5　ピボットテーブルでクロス集計表を作成する　104
- 6.6　数式や関数を利用して計算する　106

第 7 章　プレゼンテーション　　113

- 7.1　プレゼンテーションを活用しよう　114
- 7.2　プレゼンテーションの設計　114
- 7.3　スライド作成の基礎　115
- 7.4　プレゼンテーションソフト（PowerPoint）の基礎　116
- 7.5　発表の事前準備　127

第 8 章　プログラミングとソフトウェア　　129

- 8.1　プログラミング（Python）の基礎　130
- 8.2　データベース　133
- 8.3　情報システム　135
- 8.4　HTML と CSS による Web ページ作成　136

第 9 章　データ分析の基礎　　141

- 9.1　社会におけるデータ活用　142
- 9.2　データリテラシーの基礎　143
- 9.3　実践　相関係数を計算しよう　147
- 9.4　データを扱う上での留意点　148

索引　149

第1章
情報Ⅰの復習

つながるキーワード

情報Ⅰでは、「情報社会の問題解決」「コミュニケーションと情報デザイン」「コンピュータとプログラミング」「情報通信ネットワークとデータの活用」を学びました。本章では、高等学校「情報Ⅰ」の復習とともに、大学生活、社会人生活で必須となる知識を学びましょう。

- 情報モラル
- 知的財産権
- 情報デザイン
- コンピュータの仕組み
- インターネットの仕組み

ゴール

情報Ⅰについて復習し、大学・社会人生活につながる基礎知識を習得しよう。

1.1　情報社会の問題解決

　情報社会とは、私たちの生活や仕事が、コンピュータやインターネットなどの情報技術によって大きく変わった社会のことです。昔は手紙を出したり、電話をかけたりすることでしか友達と連絡を取れませんでしたが、今はスマートフォンでいつでもどこでも気軽に連絡できるようになりました。さらに、最近では人工知能やドローンなど、新しい技術もどんどん生まれていて、私たちの社会はますます変わっていくでしょう。このような情報技術の発展は、私たちの暮らし方や働き方にも大きな影響を与えています。

　また、私たちの生活には、情報があふれています。ここでいう情報とは、世の中の出来事や事物の内容や様子から、「行動や意思を決定する材料のこと」を指します。情報社会はよい面もありますが、注意すべき側面もあります。本節では、情報Ⅰの復習として、情報社会を生きていく上で関わる重要な法律や権利について確認します。

1.1.1　情報モラル

　情報モラルとは、情報社会で活躍していく上での考え方や態度のことです。情報社会の中で自分の行動が周囲に与える影響を判断して行動したり、情報の真偽を見極めて安全な使い方を判断したり、マナーを守り他者を尊重したコミュニケーションが取れるようになることで、私たちは情報社会の中で、安全に活動することができます。

　モラルは、私たちが生活している一般社会でも重要であり、同等のことがインターネットを利用するときにも求められます。インターネットの特性として、間接型コミュニケーションであったり、匿名性であったりと、実生活よりも他人を意識せずにコミュニケーションが取れる環境にあります。そのため、モラルを逸脱した態度が社会問題に発展するケースがあります。

　情報社会の倫理や情報社会で必要な法の理解と遵守、情報セキュリティをベースとした体系的な知識の理解が、情報モラルには重要となります。情報化社会の進展により技術は日進月歩で進歩しているため、学び続ける能力も必須です。

1.1.2　個人情報と情報モラル

　情報社会では、スマートフォンやパソコンを使って、いつでもどこでも簡単に情報交換できるようになりました。これはとても便利なことですが、一方で、私たちの大切な個人情報が、悪意のある人に盗まれたり、不正に使われたりする危険も高まっています。個人情報とは、生存する個人に関する情報で、名前や住所、電話番号など、個人を識別できる情報をいいます[1]。情報を組み合わせることによって、個人を識別できる情報も含まれます。メールアドレスも、ユーザ名とドメイン名（☞第4章、p.051）から個人を特定できる場合は、個人情報です。

---

1 個人情報の保護に関する法律による個人情報の定義は、生存する個人に関する情報・特定の個人を識別することができるもの・他の情報と容易に照合することができるものです。

情報社会の発達により、個人情報のネットワーク流出や、悪用されるケースが増加しています。2003年には、「個人情報の保護に関する法律（個人情報保護法）」が制定され、個人情報を取り扱う企業などを対象に、個人情報の取得や利用、個人データの保管・管理、第三者への提供、個人データの開示などのルールが定められ、違反した場合は、罰金が科されるようになりました。しかし、個人情報の取扱いは、企業だけが留意すればいいわけではありません。SNSなどインターネットを利用した情報発信を行う場合は、他人の個人情報を侵害しないように注意を払いましょう（図1.1）。

図1.1　個人情報の例（個人を識別できるもの）

(1) SNSでの情報発信

　SNSを通じた情報発信は、拡散性があります。友人だけのつもりで伝えた情報が、知らないうちに多くの他人に見られてしまうこともあります。

　SNSに写真を投稿する際は、思わぬことで個人情報が漏れてしまう可能性があるため、十分に注意が必要です。たとえば、撮った写真に家の表札や住所が映っていたり、背景に特徴的な建物が入っていたりすると、あなたの自宅が特定されてしまうことがあります。実際に、このようなことから空き巣被害に遭ったというケースも報告されています[2]。SNSに情報を公開する際は、自分のプライバシーを守るために細心の注意を払いましょう。

(2) 肖像権とパブリシティ権

　肖像権とは、本人の許可なく、写真を撮られたり、公開されたりしない権利のことです。たとえば、自身以外の人物が映り込んでしまった写真などをSNSや公の場で公開する場合は、その人物に公開の許諾を得る必要があります。人物をぼかして、姿がわからないようにするのも対応の一つです。また、有名人は、パブリシティ権も有しています。有名人は、名前や肖像に経済的な価値を保有しているため、利用には許諾が必要となります。

---

[2] 総務省：インターネットトラブル事例集 2024年版，https://www.soumu.go.jp/use_the_internet_wisely/trouble/

1.1.3　知的財産権

　私たちの日々の活動で、すべてのことを一から考えたり、作ったりしなければならないとすると、時間も費用もかかってしまいます。私たちの身の回りには、誰かが考えたものや誰かが作ったものを上手に利用しているのがほとんどです。そのような財産的な価値をもつものを、「知的財産」といいます。過去に作られたものを公平に利用できるようにするための法律で保護される権利を、「知的財産権」といいます。

　知的財産は目で見て手に取れるもの以外にも、インターネット上に公開された情報やコンピュータプログラムも含まれます。知的財産及び知的財産権は、「知的財産基本法」に明記されています（下記、定義）。

> （定義）
>
> 第二条　この法律で「知的財産」とは、発明、考案、植物の新品種、意匠、著作物その他の人間の創造的活動により生み出されるもの（発見又は解明がされた自然の法則又は現象であって、産業上の利用可能性があるものを含む。）、商標、商号その他事業活動に用いられる商品又は役務を表示するもの及び営業秘密その他の事業活動に有用な技術上又は営業上の情報をいう。
>
> 2　この法律で「知的財産権」とは、特許権、実用新案権、育成者権、意匠権、著作権、商標権その他の知的財産に関して法令により定められた権利又は法律上保護される利益に係る権利をいう。
>
> 出典：首相官邸「知的財産基本法（平成14年法律第122号）」
> 　　　https://www.kantei.go.jp/jp/singi/titeki2/hourei/kihon.html

　知的財産権には、経済的な側面を重視し産業発展の促進を目的とした「産業財産権」と、文化的な側面を重視し、人の創造性を保護することを目的とした「著作権」、「その他」に大きく分けることができます（図1.2）。

　これらの権利を守るルール、個人における責任を知ることも情報社会においては大切です。それぞれの権利について詳しく確認していきましょう。

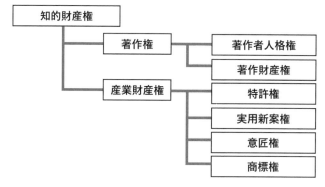

図1.2　知的財産権の種類

(1) 産業財産権

産業財産権とは、私たちの生活を豊かにする新しい製品やサービスを生み出すための「アイデア」を法律で守るための権利のことです（表1.1）。たとえば、新しい種類のスマートフォンを作ったり、新しいデザインの服を作ったり、新しい形のサービスを始めたりする場合に、この産業財産権が役に立ちます。産業財産権を取得するには、特許庁への登録が必要になります。

表1.1　産業財産権

種類	特徴	保護期間
特許権	モノまたは方法の技術面のアイデアのうち高度なもの	出願から20年
実用新案権	物品の形状、構造などの技術面のアイデアで早期実施できるもの	出願から10年
意匠権	物品の形状、模様、色彩など、ものの概観としてのデザインの権利	出願から25年
商標権	事業者が商品やサービスについて、自社と他社を区別するための文字、図形、記号、形状、色彩など	登録から10年（更新あり）

(2) 著作権

著作権は、文化的な創造物（著作物）と、作品の作者（著作者）を守るための権利です。文化的な創造物とは表1.2に示す創作物のことで、著作権ではこれらについて自らの作品を他人に無断で使用されることを防ぐ権利が示されています。著作権は作品が完成した時点で、自動的に著作権が発生します（図1.3）。産業財産権のような登録は不要です。これらを定めた法律が「著作権法」で、文化庁が所管しています。著作権法では、著作物と著作者を守ることで創作者が安心して作品を創作できる環境を作り、文化的活動を促進し、社会の発展に寄与することが目的であると示されています。著作権法は、社会の発展に寄与する利用のためのルールが明文化されていると捉えると理解がしやすいでしょう。

表1.2　著作物の種類 [3]

種類	例
言葉	小説、論文、講演など
音楽	楽曲、歌詞など
舞踊	振り付けなど
美術	絵画、彫刻、版画、書、漫画など
建築	芸術性が高い建築物（庭園、橋も含む）など
図形	地図、図面、図表など
映画	フィルム映画、DVDなど
プログラム	コンピュータプログラム

---

[3] 公益社団法人著作権情報センター「著作物って何？」より抜粋
https://www.cric.or.jp/qa/hajime/hajime1.html （2024/08/10閲覧）

図 1.3　著作権における著作者と著作物

　著作権は、「著作者人格権」と「著作権（財産権）」から構成されています。著作者人格権では表 1.3 に示す三つの権利が示されており、著作物を著作者の意に反して、変更されたり、公表されたりしない権利、著作者の氏名表示に関する権利が保護されています。著作者人格権は他人に譲渡することはできず、著作者だけがもつ権利です。

表 1.3　著作者人格権に含まれる権利

公表権	著作権を公表する権利
氏名表示権	著作物の公表時に氏名を表示するかを決める権利
同一性保持権	著作物の内容を勝手に変更されない権利

　著作権（財産権）は、著作者が著作物の正当な対価を得られるように著作物を財産として考える権利です。表 1.4 に示すような著作物を複製・配布する権利やその対価を得る権利が含まれています。著作権（財産権）は、第三者にその一部または全部を譲渡したり、相続したりできます。

表 1.4　著作権に含まれる権利

複製権	著作物を複製する権利
公衆送信権	著作物を放送やインターネットで公衆送信する権利
頒布権	映画の著作物の複製物を販売・貸与等する権利
譲渡権・貸与権	映画以外の著作物を公衆へ譲渡・貸与する権利
口述権	言語の著作物を口頭で公に伝える権利
上映権及び演奏権	著作物を公に上映・演奏する権利
上映権	映写機などを用いて著作物を公に上映する権利
展示権	美術の著作物、未発行の写真の著作物を公に展示する権利
翻訳権、翻案権等	元の著作物を翻訳、編曲などした二次的著作物を創作する権利
二次的著作物の利用	原作者が二次的著作物の著者と同じ権利をもつ権利

著作物の利用は、原則として、著作物に記載された利用条件にしたがいます。利用条件が明記されていない場合は、図 1.4 の手順を参考にして利用しましょう。ただし、著作権の例外規定により、著作者の許諾を得ずに、著作物を利用できるケースがあります（表 1.5）。

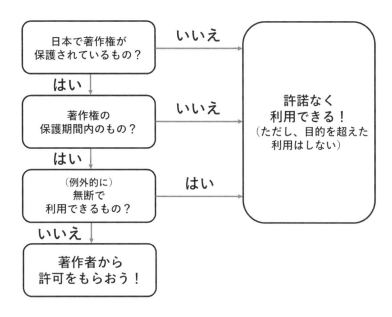

図 1.4 著作物の利用フロー

表 1.5 著作権の例外規定

私的利用のための複製	個人的な利用、家庭などの限られた場所での利用
図書館等における複製	公共図書館など法令で定められた図書館では、図書館の利用者が一定のルール内でコピー可能
引用	論文などで、引用条件を満たした場合
学校その他の教育機関における複製等	教育機関の先生や学生が、授業で利用する

著作権が侵害された場合、権利者は、刑事や民事の対抗措置をとることができます。たとえば、損害賠償請求、差止請求、不当利得返還請求、名誉回復などの措置の請求を行うことができます。具体的には、民事では損害賠償を請求され、刑事では、10 年以下の懲役、または 1,000 万円以下の罰金（法人の場合は、3 億円以下）が課せられます。2018 年から、著作権侵害は著作権を保有している人の告訴を経ることなく公訴できることになりました（非親告罪）。

> **【参考】クリエイティブ・コモンズ（Creative Commons）**
>
> 文章や写真等の著作物をWebやSNSに公開する場合は、著作者が自ら利用の条件の制限について意思表示を行う手段として、クリエイティブ・コモンズ・ライセンスがあります（表1.6）。クリエイティブ・コモンズとは、その活動の普及を図る国際的プロジェクト及びその運営主体である国際的非営利団体の名称です。
>
> 表1.6　利用条件を示すマークの意味
>
>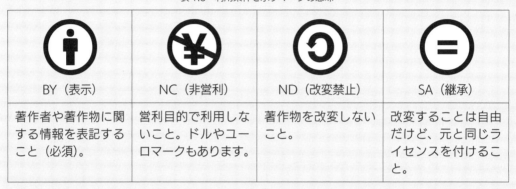
>
> | BY（表示） | NC（非営利） | ND（改変禁止） | SA（継承） |
> |---|---|---|---|
> | 著作者や著作物に関する情報を表記すること（必須）。 | 営利目的で利用しないこと。ドルやユーロマークもあります。 | 著作物を改変しないこと。 | 改変することは自由だけど、元と同じライセンスを付けること。 |
>
> ND（改変禁止）とSA（継承）は、同時に組み合わせることができません。
> 出典：クリエイティブ・コモンズ「表示4.0 国際コモンズ証」
> https://creativecommons.org/licenses/by/4.0/deed.ja

1.2　コミュニケーションと情報デザイン

1.2.1　情報の特性

　情報は、モノのように手で触ったりできる形がありません。そのために、情報には物理的なモノとは異なる特性があります。情報には、表1.7に示す三つの特性があります。残存性は、情報が消えずに残る性質です。複製性は、情報が容易にコピーできる性質です。伝搬性は、情報が伝わりやすく広がりやすい性質です。他にも、情報を使う上での特性として、情報の個別性や情報の目的性もあります。情報の個別性は、情報を受け取る人によって情報の価値が異なることをいいます。情報の目的性は、情報の発信者や受信者もそれぞれ目的をもって情報を取り扱っているため、情報の解釈には個人の差が生じる可能性があることをいいます。

表1.7　情報の特性

残存性	情報が消えずに残る性質のこと
複製性	簡単に複製ができること
伝播性	伝わりやすく、広がりやすいこと

1.2.2　コミュニケーションの形態

　私たちの日常は、他人と様々な形のコミュニケーションを通じて、生活が成り立っています。情報におけるコミュニケーションとは、ただ単に相手とのやり取りだけを指すのではなく、情報のやり取りを通じて、共有するために行う行為です。

　コミュニケーションには、様々な方法があるため、適切な方法を選択する必要があります。コミュニケーションの分類には、発信者と受信者の人数による分類（図1.5）や、発信者と受信者の位置関係による分類として、直接対話しているのか（直接コミュニケーション）、または相手が離れた場所にいるのか（間接コミュニケーション）に分けることができます。

図1.5　人数によるコミュニケーションの分類

　他にも、相手の反応の速さによって分類ができます。電話やテレビ電話は同時間に相手とコミュニケーションをとっているため、同期型コミュニケーションに分類することができます。電子メールなど相手がいつ情報を受け取っているかが不明なコミュニケーションを非同期型コミュニケーションと分類できます。

　また、インターネットを利用したコミュニケーションツールには、電子メール（☞第4章、p.051）や、ビデオ通話、ブログ、SNS、動画共有サイトがあります。インターネットを利用したコミュニケーションには、以下の特徴があります。

(1) 残存性

　対面や電話にない特徴として、インターネット上でのやり取りは、常に記録が残ります。SNSなどで公開した情報は、記録、蓄積、検索、複製、伝聞される特徴があり、いつどこで誰がその情報にアクセスし、複製や蓄積しているかを特定して、完全に削除することは難しいでしょう。

　デジタルタトゥーという言葉に代表されるように、一度インターネット上に書き込まれたコメントや画像などは、拡散されると完全に消去するのは難しく、トラブルに発展する可能性を考えて、責任をもって発信するようにしましょう。

(2) 記録性

インターネットのアクセスは、Web サイトのサーバなどに、時刻とともに接続元の IP アドレスが記録されています。時刻と IP アドレスから、接続していた端末などの情報を調べることが可能です。匿名でサイトにアクセスする場合でも、接続情報は記録されていることを意識しましょう。

(3) 匿名性

インターネットでは、個人の特定につながる情報を隠すことができる匿名性という特徴があります。匿名にすることで、自由な発言ができるといったメリットがある一方で、モラルのかけた発信につながることが問題になっています。匿名でアクセスする場合でも、サーバなどの記録から個人が特定される場合があることを意識して利用しましょう。

1.2.3　社会の中の情報デザイン

インターネットを利用すると、誰でも発信者になることができます。自分が伝えたい情報を効果的に伝えるためには、何をどのように伝えるのか計画することで、受け手にとって、より伝わる情報となります。目的のために、色や形などを計画することをデザインと呼び、効果的なコミュニケーション（☞第 1 章、p.009）や、情報の整理を行いわかりやすく伝えることを目的としたデザインを情報デザインと呼びます。情報デザインには情報の抽象化、可視化、構造化があります。

(1) 抽象化

デザインにおいての抽象化とは、情報の要点を抜き出して、単純化することです。たとえば、トイレには一目で性別がわかるようなアイコンが利用されています。

また、2021 年に開催された東京オリンピックで有名になったピクトグラムは抽象化の具体的な事例です。ピクトグラムは、言語に頼らずに情報を伝えることができます（図 1.6）。

図 1.6　ピクトグラム

(2) 可視化

可視化とは、見えないものを見える状態にすることです。図や表、グラフも可視化の具体例としてあげることができます。

(3) 構造化

構造化は、全体の要素同士の関係性を整理して結び付けることです。並列・順序・分岐・階層などで表現できます（図 1.7）。因果を含めるケースもあります。

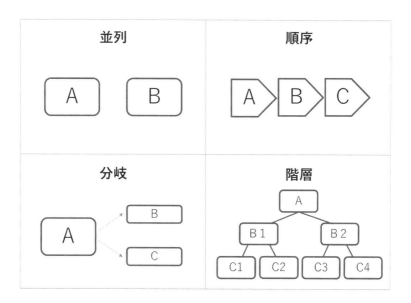

図 1.7　構造化の分類

1.2.4　情報デザインの工夫

　情報を伝えるためには、情報をデザインして読みやすさや見やすさを工夫する必要があります。授業の発表のためのスライドやサークルの募集チラシなど身近な制作物にも情報デザインの工夫が必要となります。文字の種類（フォント）や文字の大きさ、図の利用などで工夫を行いましょう。

　他にも、Webの利用は、老若男女・国籍問わずに行われます。すべての人がWebページで提供されている情報にアクセスし、利用できることを「Webアクセシビリティ」といいます。Webアクセシビリティ以外にも、インターネットでの表現では以下のようなことが考慮されています。

(1) ユーザビリティ
　Webサイトなどの使いやすさのことを「ユーザビリティ」といいます。ユーザビリティが高いと利用者にとって満足度が向上します。

(2) ユーザインターフェイス（UI）
　ユーザビリティの低下の原因として、ユーザインターフェイスがあります。ユーザインターフェイスとは、情報の表示形式やデータの入力方法など利用者の動作に直結する部分です。

(3) ユーザエクスペリエンス（UX）
　ユーザエクスペリエンスとは、製品やサービスを通じて得られる体験のことです。使い心地による感動や印象などを含みます。

1.3　コンピュータとプログラミング

1.3.1　コンピュータの構成

コンピュータは、主に以下の五つの装置から成り立ちます（図1.8）。

- 入力装置　　　　　　：コンピュータに情報を与えるための装置（キーボードやマウスなど）
- 出力装置　　　　　　：コンピュータで処理した情報を人に伝える装置（ディスプレイなど）
- 記憶装置　　　　　　：情報を記録しておく装置。主記憶装置（メモリ）と補助記憶装置（ディスクまたはストレージ）がある
- 演算装置、制御装置：プログラムを実行し処理の演算を行う装置（中央処理装置：CPU）

これらの装置はハードウェアといい、基本ソフトウェアであるオペレーティングシステム（OS）が制御しています。OSはコンピュータの電源を入れると起動するソフトウェアで、コンピュータ全体の管理や制御を行います。

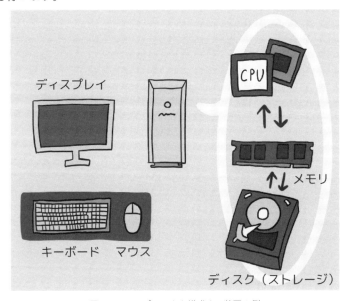

図1.8　コンピュータを構成する装置の例

　文書作成ソフトや表計算ソフトなどのアプリケーションソフトウェア（アプリケーション）はOSの上で動作し、利用者はOSが提供する画面を通じてアプリケーションを操作します。また、様々な種類のマウスやプリンタなどの周辺機器を統一された操作で使えるようにするためには、OSでは「デバイスドライバ」というプログラムが使われています。これにより、利用者は違いを感じずにアプリケーションを利用することができます。

　このようにコンピュータは、ハードウェアとソフトウェアで構成されています。

> **【参考】OS の働きを見てみよう**
>
> コンピュータ上で実行中のプログラムを確認することができます。
> 　Windows の場合は、「タスクマネージャー」で確認することができます。タスクマネージャーは［Ctrl］＋［Shift］＋［Esc］キーを押すと起動します。
> 　macOS の場合は、「アクティビティモニタ」で確認することができます。アクティビティモニタは、Finder を起動した後に［shift］＋［command］＋［U］キーを押し、表示された「ユーティリティ」フォルダ内の「アクティビティモニタ」を起動します。

1.3.2　コンピュータの仕組み

　コンピュータはデータを 0 か 1 のビットで扱います。一つのビットは電流が流れる (1)、流れない (0) の 2 通りの状態を表すことができます。二つのビットでは 4 通り（2 × 2）、三つのビットでは 8 通り（2 × 2 × 2）の状態を表すことができます。8 ビットをまとめて 1 バイト（B）といいます。0 と 1 の組み合わせで数を表現する方法を 2 進法といい、コンピュータは数や文字、画像、音なども 2 進法で扱います。

　コンピュータはすべての計算を足し算に変換し、AND 回路、OR 回路、NOT 回路の組み合わせによって様々な処理を実現しています。ただし、コンピュータが扱うことができる数には限界があるため、とても大きい数値または小さい数値や無限に続く数値などを扱う場合、計算に誤差が生じることがあります。

1.3.3　アルゴリズムとプログラミング

　アルゴリズムとは、ある問題を解決するための方法や手順のことをいいます。コンピュータは曖昧なことを理解することは難しいため、手順がわかりやすく示されたアルゴリズムは、コンピュータを動かすためのプログラムを作成する上で大切な考え方です。

　アルゴリズムは、順番通りに命令を実行する「順次」、条件によって実行する処理が変わる「分岐」、指定された回数や条件が満たされている間に同じ処理を繰り返し実行する「反復」という三つの制御構造によって表現できます。

　それぞれの制御構造について、Python というプログラミング言語で記述したプログラムを例に確認していきましょう。

(1) 順次構造

　例 1 と例 2 は順次構造のプログラム例です。コンピュータは命令を上から順に一つずつ実行します。例 1 を実行すると、「Hello」の後に 3+2 の加算結果である「5」が表示されます。

例1）文字列と演算結果の表示例

	プログラム例	行ごとの意味	実行結果
1	print("Hello")	「Hello」と表示	Hello
2	print(3+2)	3+2の答え「5」を表示	5

プログラムでは「変数」という仕組みを使って、数値や文字列、計算した値などを保存することができます。一つの変数には一つの値を保存することができます。変数に値を入れることを「代入」といい、例2の1,2行目のように「変数名 = 値」で値を変数に保存することができます。

このとき、指定する変数名で保存した値を参照することができます。例2を上から順に実行すると、「1」「2」「3」「2」が表示されます。

例2）変数を使った計算の例

	プログラム例	行ごとの意味	実行結果
1	a = 1	変数aに1を代入	1
2	b = 2	変数bに2を代入	2
3			3
4	print(a)	変数aの値「1」を表示	2
5	print(a+1)	変数aに1を加算した結果「2」を表示	
6	print(a+b)	変数aとbを加算した結果「3」を表示	
7			
8	a = a + 1	変数aに変数aの値「1」に1を加算した結果「2」を代入	
9	print(a)	変数aの値「2」を表示	

(2) 分岐構造

例3は分岐構造のプログラム例です。分岐構造は、条件によって実行する命令を変えます。「if」と「:」の間に定義された条件が成り立つときは3行目を実行し、成り立たないときは5行目を実行します。

例3）変数xの値で処理を変える分岐構造の例

	プログラム例	行ごとの意味	実行結果
1	x = 0	変数xに0を代入	B
2	if x == 2 :	もしxが2と等しかったら	
3	print("A")	「A」を表示	
4	else :	そうでなければ	
5	print("B")	「B」を表示	

(3) 反復構造

例 4 と例 5 は反復構造のプログラム例です。反復構造は、複数の命令を一つのまとまりとして繰り返し実行します。プログラムでは「for」や「while」を利用し、繰り返し回数が決まる場合は「for」、条件を満たす間だけ繰り返す場合は「while」を利用します。

例 4) for による反復構造の例

	プログラム例	行ごとの意味	実行結果
1	for count in range(5) :	range() で 0～4 の数列を作成し、変数 count の値に順に代入することを数列の要素の数だけ繰り返す	0
2	print(count)		1
			2
		変数 count を表示	3
			4

例 5) while による反復構造の例

	プログラム例	行ごとの意味	実行結果
1	count = 0	変数 count に 0 を代入	0
2	while count < 5 :	変数 count が 5 未満の間繰り返す	1
3	print(count)	変数 count を表示	2
4	count = count + 1	変数 count に 1 を加算した結果を代入する	3
			4

【参考】演算子の例

算術演算子		比較演算子		論理演算子	
+	足し算	==	等しい	and	かつ
-	引き算	!=	等しくない	or	または
*	掛け算	<	より小さい	not	ではない
/	割り算	>	より大きい		
%	割り算の余り	<=	以下		
		>=	以上		

1.3.4　モデル化とシミュレーション

モデル化とは、現実世界にあるものの本質となる形や特性のみを残して、わかりやすく抽象化することをいいます。

モデルは、以下のように特性や表現方法による分類が行われています。

- 静的モデル：時間経過による変化がないもの（分子モデルなど）
- 動的モデル：時間経過による変化があるもの（借入金返済計画、天気予報など）
- 物理モデル：模型などで物理的に表現したもの（ミニカー、モデルハウスなど）
- 図的モデル：図で表現したもの（フローチャート、案内図など）
- 数理モデル：数式や論理式で表現したもの（電圧や運動エネルギーを求める式など）

これらのモデルを用いて、対象の状態や挙動をコンピュータ上で再現することを「シミュレーション」といいます。シミュレーションは、一度しか試行できないような場合や費用と時間がかかる場合、危険が伴う場合などで活用されています。

たとえば、1万円を金利5%複利運用で銀行に貯金したとき、10年後の貯金額がいくらになっているかをシミュレーションするプログラム例は次のようになります。

	プログラム例	実行結果
1	chokin = 10000	1年後：10500.0 円
2	kinri = 0.05	2年後：11025.0 円
3		3年後：11576.25 円
4	for year in range(10) :	4年後：12155.0625 円
5	risoku = chokin * kinri	5年後：12762.815625 円
6	chokin = chokin + risoku	6年後：13400.95640625 円
7	print(year+1, ' 年後：', chokin, ' 円 ')	7年後：14071.0042265625 円
		8年後：14774.554437890625 円
		9年後：15513.282159785156 円
		10年後：16288.946267774414 円

貯金額に金利の割合をかけることで、1年後の利息を計算できます。1年目の利息は、

$10000 \times 0.05 = 500$

なので、貯金額が500円増えて10,500円になります。

次の年は、10,500円に対して利息がつくので、11,025円になります。これを繰り返すことで、10年後には貯金額が16,288円になることがシミュレーションできます。

1.4　情報通信ネットワークとデータの活用

1.4.1　インターネットの仕組み

　インターネットは、地域や国を超えて世界中のコンピュータを接続するコンピュータネットワークです。コンピュータ同士が網（ネット）のようにつながり合った構成になっており、どこかのコンピュータが壊れても、別の経路を使ってデータをやり取りすることができます。

　インターネット上には、電子メールやWebページなど情報やサービスを提供する「サーバ」が設置されています。これらのサービスを利用するコンピュータを「クライアント」といいます。クライアントからの要求にしたがってサーバが情報を渡すことで、「Webページを閲覧する」ことを実現しています。

1.4.2　デジタル通信の仕組み

　ネットワーク通信のほとんどは送信するデータを「パケット」と呼ばれる細かく分けた形にして送信する「パケット交換方式」で行われます。このとき、コンピュータは「プロトコル」という通信を行うときの取り決めにしたがってデータをやり取りします。インターネットでは「TCP/IP」というプロトコルが多く利用されています。通信する相手の判別には、各コンピュータに割り振られた「IPアドレス」という番号が使われます。

　インターネットのプロトコルは、図1.9のような4層に分けられています。データをやり取りする場合は、各層で付加されたデータ（ヘッダ情報）を確認しながら処理を行い、次の階層にデータを渡すことで通信を実現しています。

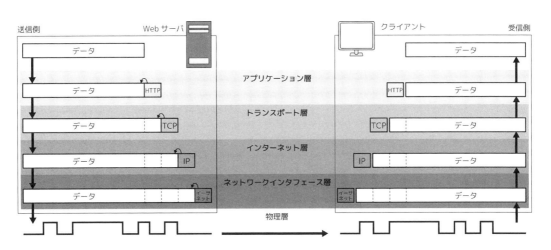

図1.9　WebブラウザでWebページを見るときの通信例

1.4.3　情報システム

情報システムは、収集したデータを利用可能な形に処理し、必要とする場所に提供する仕組みです。図1.10のように多くのコンピュータやサーバなどから構成されます。身近なところでは、コンサートや映画などのチケット予約を行うシステムや交通系ICカードを利用するためのシステム、コンビニエンスストアなどに導入されているPOS（Point of Sale）システムなどがあります。

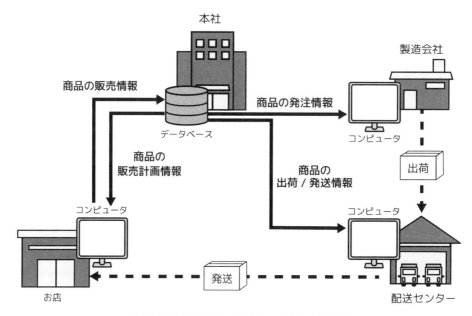

図1.10　情報システムの構成（つながり）を表す図

1.4.4　データの管理

情報システムで扱う膨大なデータは、データベースを利用して管理しています。データベースを利用することで、大量のデータを蓄積・整理、それらデータの検索や抽出を行うことができます。また、複数人で同時に利用してもデータの整合性を保つことができるようになっています。これらはDBMS（データベース管理システム）によって行われています。

データベースは、リレーショナルデータベース（関係データベース）が多く利用されています。リレーショナルデータベースでは、蓄積したデータを複数のテーブル（表）で管理します。複数のテーブルを共通する項目で関連付けることでデータを統合的に扱うことができます。

リレーショナルデータベースでは、テーブルに対する操作をデータ操作言語で行うことができます。以下は、テーブルに対して行われる主な操作です。

- 結合：複数のテーブルを共通する項目でつなげて一つのテーブルとして表示する。
- 選択：条件に合う行を取り出して表示する。
- 射影：テーブルの中から一部の列を抽出して表示する。

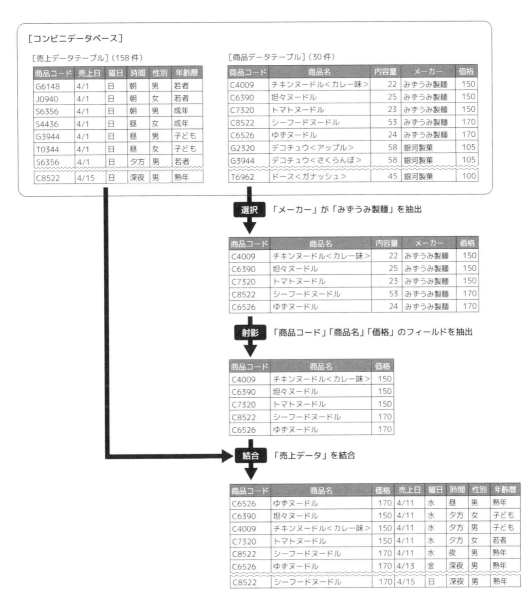

図1.11　RDBの説明図[4]

図1.11のようにテーブルをまとめることができます。

つなげよう

- □ SNSを利用するとき、著作権のどのようなことに気を付ければよいかを議論しよう。
- □ OSの動きを見てみよう。

4　データベース学習システム「sAccess」（https://saccess.eplang.jp/）のデータを使用

第 2 章

コンピュータの基本操作

つながるキーワード

　情報Iでは、「コンピュータの仕組み」としてコンピュータの構成や動作の仕組みについて学びました。本章では文字入力などのコンピュータの基本的な使用方法や端末の設定方法などを学びます。

- マウス操作
- キー入力
- ファイルとフォルダ

ゴール
コンピュータの基本操作方法を身に付けよう。

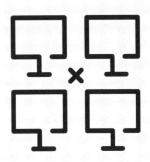

2.1 コンピュータの起動とログイン

コンピュータを起動するには、電源スイッチを入れます。しばらく待つとOSが起動し、サインイン（ログイン）画面が表示されるので、ユーザを選びパスワードを入力してサインインしましょう[5]。サインインの画面が表示されない場合は、キーボードのどれかのキーを押すか、マウスをクリックすることで表示されます。

サインインすると、図2.1のようなデスクトップと呼ばれる画面が表示されます。ここからアプリケーションを起動したり、ファイルを操作したりします。メニューの位置などはOSや機種によって異なることがあります。Windowsの場合は画面下の［スタート］メニュー、macOSでは左上の［アップルメニュー］からコンピュータの終了や設定の変更などを行います。

図2.1　デスクトップ（左：Windows、右：macOS）

2.2 アプリケーションの起動と終了

アプリケーションの起動と終了時の操作方法は、OSによって多少異なりますが、基本的にはアイコンを選択して起動し、ウィンドウ上部の「×」をクリックして終了することができます。

Windowsの場合は、［スタート］メニューやデスクトップのアイコンから起動します。終了するときは、メニューから「終了」を選択するか、右上の「×」をクリックします。

macOSの場合は、［Dock］の［Launchpad］のアイコンをクリックして、起動したいアプリケーションのアイコンを選択して起動します。終了するときは、メニューから「終了」を選択するか、左上の「×」をクリックします。

---

[5] 端末によって異なりますが、指紋認証や顔認証によるサインインの方法もあります。あらかじめ設定を済ませておくことで利用できます。

【参考】アプリケーションを強制終了する

アプリケーションがまったく反応しなくなってしまった場合には、特定のアプリケーションだけを強制的に終了することができます。強制終了した場合には、作成中の文書などが最後まで保存されていないことがあります。再度起動してから確認するようにしましょう。

Windowsの場合は、タスクバーの何もないところを右クリックし、[タスクマネージャー]を選択します。表示されたウィンドウから終了したいアプリを選択し、右上にある[タスクを終了する]をクリックします（図2.2）。

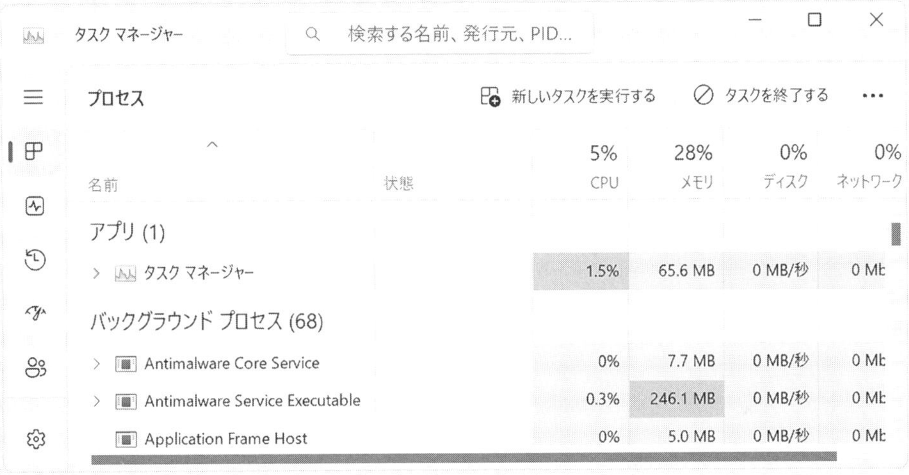

図2.2　タスクマネージャー

macOSの場合は、左上の[アップルメニュー]から[強制終了]を選択します。表示されたウィンドウから終了したいアプリを選択し、[強制終了]をクリックします。

2.3　コンピュータの終了

コンピュータを終了するときは、メニューからシャットダウン（macOSの場合はシステム終了）を選びます。終了する前に、起動していたアプリケーションはすべて終了しておきましょう。

2.3.1　Windowsの場合

［スタート］メニューから右下の［電源］のアイコンをクリックし［シャットダウン］を選択します（図2.3）。終了すると、画面が黒くなります。

図 2.3　Windowsでのコンピュータの終了

【参考】Windowsの終了オプション

Windowsでは「シャットダウン」以外にも、終了時のオプションを選択することができます。以下は主なオプションです。

- 再起動　：コンピュータを一度終了して、起動し直します。
- スリープ：作業状態を保存してコンピュータの電源がオフになります。電源ボタンまたは特定のボタンを押すとスリープが解除され、保存された状態から再開します。

Windowsを終了せずにノートパソコンを閉じた場合には、自動的に「スリープ」の状態になります。これは設定によって変更することも可能です。

2.3.2 macOSの場合

左上の［アップルメニュー］から［システム終了］を選択します（図2.4）。終了すると画面が黒くなります。

図2.4　macOSでのコンピュータの終了

【参考】macOSの終了オプション

macOSでは「システム終了」以外にも、終了時のオプションを選択することができます。以下は主なオプションです。

- 再起動　　：コンピュータを一度終了して、起動し直します。
- スリープ　：作業状態を保存してコンピュータの電源がオフになります。電源ボタンまたは特定のボタンを押すとスリープが解除され、保存された状態から再開します。
- ロック画面：画面をロックします。再度操作する場合はログインパスワードを入力します。
- ログアウト：ユーザアカウントからログアウトします。

macOSを終了せずにノートパソコンを閉じた場合には、自動的に「スリープ」の状態になります。

2.4　マウスの操作

　コンピュータではマウスポインターを操作して、メニューを選択します。これらはマウスで操作します。マウスには、左右にボタンがあり、左のボタンを1回押すことを「左クリック（またはクリック）」、右のボタンを1回押すことを「右クリック」、左ボタンを2回続けて押すことを「ダブルクリック」といいます。また、クリックしたままマウスを動かすことを「ドラッグ」といい、そのまま移動して任意の位置でボタンを離すことを「ドラッグアンドドロップ」といいます。それぞれの主な役割は、次の通りです。

- 左クリック（クリック）　　：メニューを選択するときなどに使用します。
- 右クリック　　　　　　　　：メニューを表示するときなどに使用します。
- ダブルクリック　　　　　　：アプリケーションを起動するときなどに使用します。
- ドラッグ　　　　　　　　　：アイコンを移動するときなどに使用します。
- ドラッグアンドドロップ：アイコンを任意の位置に移動するときなどに使用します。

　ノートパソコンにはタッチパッド（トラックパッド）が搭載されています。タッチパッドの操作方法は機種やOSによって異なる場合があるので、ノートパソコンの取扱説明書を確認しましょう。

2.5　ネットワークへの接続

　ネットワークに接続する方法は、有線LANケーブルを端末に接続する方法と、無線LAN（Wi-Fi）に接続する方法があります。LANケーブルで接続する場合は、コンピュータにケーブルを接続する必要があります。本節では、接続したいアクセスポイント[6]のSSIDを選択して、無線LAN（Wi-Fi）に接続する手順を説明します。

2.5.1　Windowsの場合

　[スタート]メニューから[設定]を選択します。表示されたウィンドウの左側のメニューから[ネットワークとインターネット]をクリックします（図2.5）。ネットワークに接続していない場合は、上部に「未接続」と表示されます。

---

6 Wi-Fiの電波を出してパソコンなどの端末をインターネットにつなぐための機器のこと

図 2.5　無線ネットワークへの接続方法（Windows）

Wi-Fi に接続するには、[Wi-Fi] から [利用できるネットワークを表示] を選択し、接続するネットワークを選択します。

2.5.2　macOS の場合

左上の [アップルメニュー] から [システム設定] を選択します。表示されたウィンドウの左側のメニューから [Wi-Fi] を選択した後に、Wi-Fi をオンにし、接続するネットワークを選択します（図 2.6）。

図 2.6　無線ネットワークへの接続方法（macOS）

> **【参考】無線 LAN（Wi-Fi）規格**
>
> 　無線 LAN の規格は、世代ごとに「IEEE 802.11ax」といった名称で呼ばれます。末尾の「ax」の部分は世代ごとに a/b/g/n/ac/ax といったアルファベットが当てはまります。アクセスポイントがサポートする規格にコンピュータが対応していないと、ネットワークに接続できない場合もあります。パソコンがどの規格に対応しているかは、次のように確認することができます。
>
> ① Windows の場合
> 　［スタート］メニューから［設定］を選択します。表示されたウィンドウから［ネットワークとインターネット］を選んだ後に［Wi-Fi］を選択し、その中から［ハードウェアのプロパティ］を選択します。無線 LAN 規格は、［ハードウェアのプロパティ］の中にある「プロトコル」または「説明」の内容を確認します。
>
> ② macOS の場合
> 　左上の［アップルメニュー］から［この Mac について］を選択します。表示されたウィンドウにある［詳細情報］をクリックします。表示されたウィンドウのメニューから［一般］を選び、［情報］の中にある［システムレポート］を選択します。新たに表示されたウィンドウのメニューから［Wi-Fi］を選択し、その中の「対応 PHY モード」の内容を確認します。

2.6　キー入力の基礎

2.6.1　テキストエディタ

　テキストエディタは、テキストファイルを作るアプリケーションの一つです。文字情報（文字、数字、記号）だけのファイルのことを「テキストファイル」といいます。Windows には「メモ帳」、macOS には「テキストエディット」が標準でインストールされています。今回はテキストエディタを使って文字の入力について学んでいきましょう。まずはテキストエディタを起動しましょう。

(1)Windows の場合
　［スタート］メニューから［メモ帳］をクリックして起動します（図 2.7）。メモ帳が見当たらない場合は、タスクバーから検索して起動しましょう。起動するとウィンドウが表示されます。キーを押すと、カーソルの位置に文字が入力されます。

図 2.7　メモ帳の起動

(2)macOS の場合

［Dock］の［Launchpad］のアイコンを選択し、表示された一覧からテキストエディットのアイコンをクリックして起動しましょう（図 2.8）。もし見当たらない場合は、［Spotlight 検索］で「テキストエディット」を検索し、検索結果に表示されたアプリを起動しましょう[7]。起動すると図 2.9 のようなウィンドウが表示されます。キーを押すと、カーソルの位置に文字が入力されます。

図 2.8　Launchpad からのテキストエディットの起動

---

7 キーボードの [F4] キーを押した後にアプリ名を入力する。

図 2.9　テキストエディット

> **【参考】テキストエディットの初期設定**
>
> 　テキストエディットは、標準ではリッチテキストとして作成されます。テキストを作成するためには、あらかじめ設定をしておく必要があります。
> 　まず、テキストエディットを起動し、上部のメニューの［テキストエディット］から［設定］を選択します。表示されたウィンドウの［新規作成］から［フォーマット］の中にある［標準テキスト］にチェックを入れます。
> 　次に、［開く/保存］から［標準テキストファイルのエンコーディング］の中にある［ファイルを保存するとき］の項目を「Unicode（UTF-8）」に変更しましょう。

2.6.2　タッチタイピング

　キーボードを見ずに入力することを「タッチタイピング」といいます。タッチタイピングができるようになると入力が速くできるだけでなく、視線の動きが少なく済むため目が疲れにくいといわれています。テキストエディタに文字を入力し、タッチタイピングの練習をしていきましょう。

　まずは肩の力を抜いてキーボードに両手を置きます。キーボードに触れると、「F」と「J」のキーに小さな出っ張りがあると思います。これは人差し指を置くキーの目印です。

　「F」のキーには左手の人差し指を置き、中指を「D」、薬指を「S」、小指を「A」のキーに置きます。「J」のキーには右手の人差し指を置き、中指を「K」、薬指を「L」、小指を「；」のキーに置きます。この指の置く位置を「ホームポジション」といいます（図 2.10）。また、どちらかの親指を「スペース」キーに置いておくと変換を行うときに便利です。

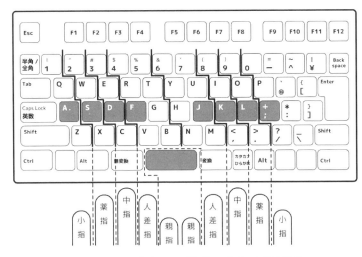

図 2.10　ホームポジション（色がついたキーに指を置く）

それぞれの指はホームポジションから上や下にあるキーを押すことを担当します。ただし、人差し指と小指は上下だけでなく、横にあるキーも担当します。ホームポジションから離れたキーを入力した後は、ホームポジションに指を戻すことを練習しましょう。このとき、キーボードは見ないようにしましょう。

2.6.3　キーボードの使い方

キーボードの配置は使用するキーボードによって異なる場合もありますが、多くの Windows 用 JIS キーボードは図 2.11 のような配置になっています。

Windows 用の JIS キーボードには、左下に ［Windows キー］ があり、押すと ［スタート］ メニューを表示します。キーにはアルファベットとひらがなが書かれたキーと、記号や数字とひらがなが書かれたキーがあります。左側がローマ字入力、右側がかな入力で入力する文字や記号を表しています。それぞれの入力方式でキーだけを押すと、下に書かれた文字や記号を入力できます。［Shift］キーを押しながらキーを押すと、上に書かれた内容を入力できます。

macOS 用の JIS キーボードでは、左がローマ字入力、下がかな入力を表しており、それぞれの入力方式でキーだけを押すと左下の文字や記号が入力できます。右上の文字や記号を入力するときは、［Shift］キーを押しながらキーを押します。

図 2.11　各キーの働き

【参考】よく使うキーの働き

① Shift（シフト）
　主に大文字の英字を入力するときに使用します。[Shift]キーを押しながら英字キーを押すと、大文字を入力できます。

② Caps Lock（キャプスロック）
　大文字を連続で入力したいときに使用します。[Shift]+[Caps Lock]キーを押して大文字入力と小文字入力を切り替えます。

③ Ctrl（Control，コントロール）
　Windowsでは他のキーと組み合わせて押すことで、様々な機能を利用できます。たとえば、[Ctrl]+[C]キーでは選択したテキストをコピーすることができます。他にも、[Ctrl]+[V]キーでコピーしたテキストを貼り付け、[Ctrl]+[X]キーで選択したテキストを切り取ることができます。macの場合は⌘（コマンドキー）を使います。

④ Enter（エンター）
　入力を確定するときに使用します。

⑤ BackSpace（バックスペース）
　入力した文字を削除したいときに使用します。カーソルがある位置の1文字前の文字を削除できます。

⑥ Fn（エフエヌ）
　ノートパソコンのキーボードによくあるキーで、ノートパソコン特有の機能を利用したいときにF1, F2といったファンクションキーと組み合わせて使用します。

2.6.4　英字や数字の入力

　英字や数字を入力するためには、入力モードを「半角英数」に切り替えて、入力したいアルファベットや数が書かれたキーを押します。入力モードの切り替えは、Windowsの場合はキーボード左上の[半角/全角]キーで入力モードを切り替えることができます。利用している入力モードは、タスクバーから確認することができます。macOSの場合はキーボードの[Space]キーの左右にある[英数]と[かな]キーで切り替えます。[英数]は半角英数字の入力モードで、[かな]は日本語（全角文字）入力モードです。上部バーで現在の入力モードを確認します。

　アルファベットを大文字で入力したいときは、[Shift]キーを押しながら入力したいキーを押します。

2.6.5　日本語文字の入力

　日本語を入力するためには、日本語入力ソフトが必要です。Windowsの場合は「Windows IME」、Macの場合は「ことえり」が標準でインストールされています。日本語入力ソフトを自分でインストールもできます。日本語を入力する際は、入力モードを日本語入力に切り替えます。

　コンピュータで日本語を入力する場合は、ローマ字入力で入力を行い、変換して行うのが一般的です。ローマ字入力には、訓令式とヘボン式があります。どちらかの方式に統一して使うようにしましょう。

　入力した文字を変換したい場合は、［Space］キーを使用します。たとえば、「コンピュータ」と入力する場合は、まず「こんぴゅーた（konpyu-ta）」と入力し、［Enter］キーで確定する前に［Space］キーを何回か押して変換候補の中から選びます。

　文章を入力するときは、ある程度入力した後に文節に区切って変換すると効率よく入力することができます。文章を入力した後に［Space］キーを押すと、変換のための文節を自動的に設定します。文節は下線で示され、下線が太くなった箇所は選択中の文節を表しています。文節を移動したいときは、［→］または［←］で移動することができます。文節がおかしい場合は、［Shift］＋［→］または［Shift］＋［←］で文節を調整することができます。

2.6.6　文字入力の練習

　練習として「スモモもモモも桃のうち」と入力してみましょう。

　まずは、「すもももももももものうち」と入力し、［Space］キーを押します。文節が正しく設定されていないため、［Shift］＋［→］または［Shift］＋［←］で調整します。文節が設定できたら、［Space］キーを押して変換します。これを繰り返すと、「スモモもモモも桃のうち」と入力できます。

　はじめは時間がかかるかもしれませんが、慣れると効率よく入力することができます（図2.12）。

操作	結果
ローマ字を入力	すもももももももものうち
［Space］キーを押して、変換	すももも桃も桃の家
［Space］キーを押して、変換	スモモも桃も桃の家
［→］キーを押して、次の文節へ移動	スモモも桃も桃の家
［Space］キーを押して、変換	スモモもモモも桃の家
［→］キーを押して、次の文節へ移動	スモモもモモも桃の家
［Shift］＋［←］キーを押して、文節を短縮	スモモもモモも桃の家
［→］キーを押して、次の文節へ移動	スモモもモモも桃の家
［Shift］＋［→］キーを押して、文節を伸長	スモモもモモも桃能地
［Shift］＋［→］キーを押して、文節を伸長	スモモもモモも桃農地
［Space］キーを押して、変換	スモモもモモも桃のうち

図2.12　文節移動と変換の例

2.7　ファイルとフォルダ

　ファイルは、データを保存したもののことです。フォルダは、ファイルをまとめて整理するためのものです。フォルダの中にフォルダを作ることもできます。フォルダを作るにはWindowsの場合は、エクスプローラーの何もない場所で右クリックし、表示されたメニューから［新規作成］→［フォルダー］を選択することで作成できます(図2.13)。macOSの場合は、Finderのメニューから［ファイル］→［新規フォルダ］を選択することで作成できます。ファイルをフォルダに入れるには、ファイルをドラッグして、フォルダにドロップすることで移動することができます。

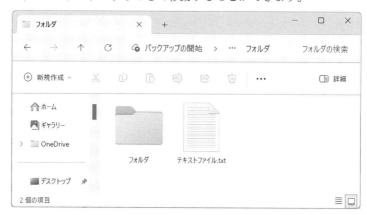

図 2.13　ファイルとフォルダ（Windows）

　ファイルやフォルダは、コピーして複製・移動したり、名前を変更したり、削除することができます。基本的には、操作したいファイルやフォルダを選択した後に右クリックし、表示されたメニューから選択します。

　Windowsの場合は、コピーしたいファイルを選択した後に右クリックし、表示されたメニューから［コピー］を選択します。画面上では何も起きませんが、コピーされた状態になります。コピーしたいファイルを置く場所に移動した後に何もない場所で右クリックし、表示されたメニューから［貼り付け］を選択すると、コピーしたファイルを貼り付けることができます(図2.14)。macOSの場合は、ファイルをコピーした後に、コピーしたいファイルを置く場所に移動し、右クリックして表示されたメニューから［ペースト］を選択します。

図 2.14　ファイルの上で右クリックするとメニューが表示される（Windows）

> **【参考】ファイルの場所のテキスト表現**
>
> ファイルやフォルダの場所は、記号でフォルダを区切って表現することができます。区切るときの記号は、Windowsは￥、macOSは/で表現します。たとえば、デスクトップに「コンピュータリテラシー」という名前でフォルダを作った場合は次のように表現することができます。
>
> ＜Windows OSの場合＞
> 　C￥:Users￥ユーザー名￥Desktop￥コンピュータリテラシー
> ＜mac OSの場合＞
> 　Macintosh HD/ユーザ/ユーザ名/デスクトップ/コンピュータリテラシー

　ファイルやフォルダは、ドライブ（ディスクドライブ）という外部記憶装置に保存されます。Windowsの場合は、Cドライブ（C:）やDドライブ（D:）などがあります。試しにCドライブをダブルクリックして開いてみると多くのフォルダがあります。この中のユーザー（またはUsers）というフォルダに個人用のフォルダが存在します。macOSの場合は、Macintosh HDの中のユーザというフォルダに個人用のフォルダが存在します。OneDriveやGoogle Driveなどのオンラインストレージを端末上で利用するためのアプリケーションをインストールすると、ドライブが割り当てられます。

2.8　端末情報の確認方法

　不具合が発生した場合は、不具合の内容とともに使用するコンピュータやアプリケーションの詳細

情報を合わせて連絡すると解決につながることがあります。ここでは、基本的なコンピュータの情報情報を閲覧する方法を確認する方法を紹介します。

2.8.1　Windows の場合

［スタート］メニューから［システム情報］を選択します。表示されたウィンドウには、様々な情報が記載されています（図 2.15）。

図 2.15　Windows のシステム情報

たとえば、項目が「OS 名」の値には「Microsoft Windows 11 Pro」と書かれているので、この端末の OS は Windows 11 Pro であることがわかります。

システム製造元にはメーカー名が記入されており、システムモデルには端末の型番が記入されています。端末の機能など、わからないことがあればこのシステム製造元とシステムモデルに記入された内容で Web 検索をして、メーカーが公開している端末のマニュアルを確認するようにしましょう。

他にも、OS のバージョンやプロセッサ（CPU）、インストール済みの物理メモリ（メモリ）なども、システム情報から確認することができます。

2.8.2　macOS の場合

左上の［アップルメニュー］から［この Mac について］を選択します。表示されたウィンドウから基本的な情報を確認することができます（図 2.16）。たとえば、OS とバージョンは「macOS」の横に書かれた「Sonoma 14.5」であることがわかります。

他にも、シリアル番号（型番）、チップ（CPU）、メモリが記載されています。［詳細情報］を選択した後に［システムレポート］を選択すると、より細かいシステム情報を確認することができます。

図 2.16　Mac の端末情報

【参考】Microsoft Office のバージョンを確認

　Microsoft Office（Word, Excel, PowerPoint など）は使用するバージョンによって、使用できる機能や操作方法が異なる場合があります。Microsoft のサポートページを使用する場合は、自身が使用している Office のバージョンの情報を確認した上で、情報を得る必要があります。

　Office のバージョンは、Word, Excel, PowerPoint のいずれかを起動して確認します。今回は Word で確認する方法を紹介します。Word を起動したら［ファイル］から［アカウント］を選択した後に［製品情報］をクリックします。製品情報の中から右下の［Word のバージョン情報］を選択すると、Office ソフトウェア名とバージョンが表示されます（図 2.17）。

図 2.17　Office バージョンの確認

つなげよう

☐　自分のコンピュータの設定を確認しよう。

第 3 章
情報セキュリティ

つながるキーワード

　情報Iでは「情報通信ネットワーク」として、インターネットの仕組みや情報セキュリティについて学びました。本章ではインターネットの仕組みとともに、セキュリティ対策に関する具体的な端末の設定方法について学びます。

- セキュリティ
- インターネット
- マルウェア
- ゼロデイ攻撃
- パスワード

ゴール

インターネットの仕組みを理解した上で、自らのコンピュータにセキュリティ対策を行う方法を身に付けよう。

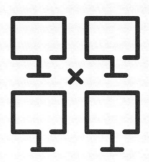

3.1　情報セキュリティとは

　情報セキュリティは、日本産業規格（JIS規格）によって「情報の機密性、完全性、可用性を維持すること」と定義されています[8]。情報の機密性は、許可された者だけが情報にアクセスできる状態を維持することをいいます。情報の完全性は、情報を壊されたり、改ざんされたりしない状態を維持することをいいます。情報の可用性は、許可された者だけが必要なときに情報にアクセスできる状態を維持することをいいます。ここでは、情報Ⅰで学習したインターネットの仕組みと情報セキュリティについて復習した上で、コンピュータの具体的な対策方法（設定）について学んでいきましょう。

3.2　ネットワークとインターネット

　コンピュータは単独で利用することもできますが、プリンタや他のコンピュータとデータのやり取りをすることでより便利に利用することができます。データのやり取りができるように複数のコンピュータを接続するものを「コンピュータネットワーク（ネットワーク）」といいます（図3.1）。

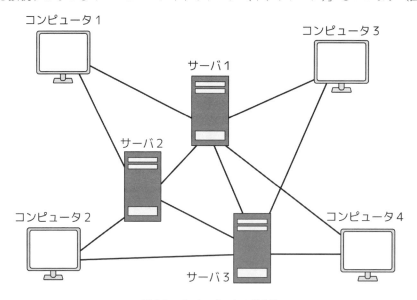

図3.1　インターネットの構成例

　コンピュータネットワークは規模によって分類され、自宅や学校、会社内などで複数のコンピュータを接続したネットワークを「LAN（Local Area Network）」といい、ある会社の札幌支社、東京支社、沖縄支社など離れた場所にあるLAN同士を接続するネットワークを「WAN（Wide Area Network）」といいます。

---

[8] JIS Q 27000

インターネットは、地域や国を超えて世界中のコンピュータを接続するコンピュータネットワークです。コンピュータ同士が網（ネット）のようにつながり合った構成になっており、どこかのコンピュータが壊れても、別の経路を使ってデータをやり取りすることができます。

インターネット上には、電子メールやWebページなど情報やサービスを提供する「サーバ」が設置されています。これらのサービスを利用するコンピュータを、「クライアント」といいます。クライアントからの要求にしたがってサーバが情報を渡すことで、「Webページを閲覧する」などを実現しています。

> 【参考】インターネットの起源
>
> インターネットの起源はARPANETと呼ばれるアメリカ国防省が冷戦時代に開発した分散システムといわれています。
>
> インターネット以前のコンピュータネットワークは、中心となる大規模なコンピュータ（サーバ1）が存在し、そこにすべてのデータが集まる構成でした。そのため、中央のコンピュータが壊れてしまうと、コンピュータ間のデータのやり取りができなくなってしまうというリスクがありました（図3.2）。
>
> インターネット（ARPANET）のコンピュータネットワークでは、重要なデータを分散して保存できるため、破損時の被害を最小限にすることができます。
>
>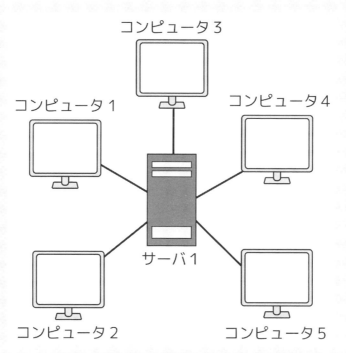
>
> 図3.2　インターネット以前のコンピュータネットワーク

3.3　インターネットの仕組み

　コンピュータは「プロトコル」という通信を行うときの取り決めにしたがってデータをやり取りします。インターネットでデータをやり取りするときは「TCP/IP」というプロトコルが多く利用されます。このとき、通信する相手の判別には、各コンピュータに割り振られた「IPアドレス」という番号が使われます。

　図3.3のように、コンピュータAからコンピュータBへとデータを送信する場合は、まず、コンピュータAでは送信するデータを細かく分け、それぞれに送るデータの個数と番号を追加します。このデータのことを「パケット」といいます。そのパケットにコンピュータBのIPアドレスを追加して送ります。

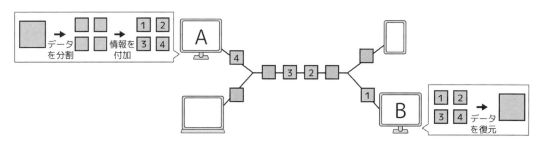

図3.3　パケット交換方式によるデータ通信のイメージ

　このとき、各パケットは必ずしも同じ経路を通るわけではなく、通りやすい経路を通ります。各パケットを受け取ったコンピュータBでは、番号を基に細かく分けたデータを復元します。

　パケットは送っている途中で遅延が発生したり、破損したりするなど、届かないことがあります。そのときは、受け取った番号をコンピュータAに知らせて、不足したパケットだけを再度送ってもらいます。インターネットでは、このようにデータのやり取りを行っています。

3.4　インターネットを利用する上でのセキュリティ

　インターネットは便利ですが、外部とつながっている環境では様々な危険が入り込んでくる可能性があります。データをやり取りしている際のセキュリティ対策が不十分だとパケットを不正に盗み見ること（盗聴）ができてしまい、個人情報の流出や不正アクセスにつながります。

　また、データを書き換えられてしまうこと（改ざん）もあります。このとき盗聴や改ざんが行われないように、やり取りするデータやデータをやり取りする経路を「暗号化[9]」してデータを保護しています。また、データの改ざんが行われているかを判断する仕組みの一つである「電子署名」を使うことで、正しいデータが送られてきたかを判断することができます。

9　データを一定の規則にしたがって別のデータに変換することで、データの内容を他人にわからないようにすること

他にもコンピュータのセキュリティ対策が不十分だと、マルウェアに感染してしまうこともあります。これらの悪意のある者からの攻撃を防ぐための技術として、ファイアウォールがあります。ファイアウォールを適用することで、外部からの攻撃や不正なアクセスを防ぐことができます。

3.5　マルウェアへの対策

マルウェアとは、第三者のプログラムやデータベースに対して何らかの被害を及ぼすように作られたプログラムのことをいいます。マルウェアには、表 3.1 のような悪意のある攻撃を行う種類があります。

表 3.1　代表的なマルウェア

スパイウェア	Web ページ閲覧時などに個人情報を盗み出す
暴露ウイルス	コンピュータ内のファイルを外部に公開する
遠隔操作ウイルス	外部からコンピュータが操作できるようにする

マルウェアはセキュリティ対策が不十分な（脆弱性のある）コンピュータがネットワークに接続することや電子メールの添付ファイルを開いたり、Web ページを閲覧したりすることによって感染します。これらはソフトウェアの使い方に問題があることが原因であることが多く、怪しげな電子メールや添付されたファイルを開かないこと、怪しげな Web サイトや広告にはアクセスしないことが感染対策として有用です。

他にもマルウェアに感染しないための対策として、ファイアウォールの適用の他にセキュリティソフトやソフトウェアを常に最新の状態にアップデートしておくことがあげられます。

一方で、セキュリティソフトの更新やセキュリティアップデートが行われる前の未修正の脆弱性を狙った「ゼロデイ攻撃」があります。ゼロデイ攻撃への対処方法として Web サイト[10][11]に一時的な回避策が提示されていることがあるので、定期的に適切な情報を入手しましょう。

【参考】企業のデータを狙うランサムウェア

ランサムウェアとは、コンピュータ内のファイルを閲覧・編集できない形に暗号化し、復元の身代金として金銭を要求するマルウェアのことです。

近年、企業を狙ったランサムウェアによる攻撃は増加しています。たとえば、ある病院ではランサムウェアに感染し、患者の情報が記録された電子カルテシステムが使えなくなってしまい診療業務に大きな支障が出たほか、大手製造業では、工場の生産ラインを制御するシステムが攻撃されたために生産ができなくなるなど、深刻な被害をもたらしています。

ランサムウェアに対しても、他のマルウェアと同様の対策を取っておくことが有効です。

---

10 情報処理推進機構（IPA）「重要なセキュリティ情報」, https://www.ipa.go.jp/security/announce/alert.html
11 脆弱性情報ポータルサイト JVN, http://jvn.jp/

3.6 コンピュータのセキュリティ対策

3.6.1 コンピュータへのログインパスワードの設定

　コンピュータにはログインパスワードを設定し、席を離れるときはコンピュータのカバーを閉じてスリープ状態にするか、ロックして他の人が操作できないようにしましょう。パスワードは、推測されにくく、破られにくいものを設定します。次の条件を満たすパスワードが、安全性が高いとされています。

- 大文字・小文字・数値・記号などを組み合わせたもの
- 文字数が多い（長いパスワード）
- 使い回しをしていない
- 辞書に載っていない
- 規則性がない（あっても、容易に推測できない）

　パスワード以外にも、指紋や顔などを使った生体認証による認証方法も存在します。

3.6.2 セキュリティ対策ソフトの導入

　WindowsやmacOSにはOS標準のセキュリティ対策ソフトがインストールされており、標準で有効になっています。基本的なセキュリティ対策は、OS標準搭載のセキュリティ対策ソフトで充分です。

【参考】セキュリティに関する設定

① Windowsの場合
　Windowsの場合は、［スタート］メニューから［設定］を選択します。表示されたメニューから［プライバシーとセキュリティ］を選択した後に［Windowsセキュリティ］をクリックします。表示された各メニューから設定できます。

② macOSの場合
　macOSの場合は、［Appleメニュー］から［システム設定］を選択します。表示されたメニューから［プライバシーとセキュリティ］の「セキュリティ」から設定できます。ファイアウォール[12]は、［システム設定］の［ネットワーク］から設定できます。

---

[12] ネットワークからの悪意のある通信から守る仕組みのこと

3.6.3　セキュリティアップデートの適用

セキュリティアップデートは、開発時に考え付かなかった攻撃手法やプログラムのミスによる攻撃などセキュリティを脅かす事態を招くものを修正するために提供されます。

OSのセキュリティアップデートは、Windowsでは「Windows Update」、macOSでは「ソフトウェアアップデート」といいます。セキュリティアップデートが提供された場合は、早めに適応し、常に最新の状態になるようにしましょう。これはOSだけでなく、ソフトウェアも同様です。ソフトウェアによっては、手動で導入する必要があるケースがあります。

3.6.4　データのバックアップ

端末が壊れてしまうと、本体に保存しているデータは消えてしまうことがあります。端末の故障に備えるために、データは定期的に複数のストレージにバックアップを行うようにしましょう。バックアップは、データを保存するためのストレージ（USBメモリ、外付けSSDなど）を用意し、Windowsの場合は「バックアップと復元」、macOSの場合は「Time Machine」を利用して行うことができます。

3.7　スマートフォンのセキュリティ

スマートフォンには、個人情報を含む様々な情報が保存されています。紛失したり盗難にあったりした場合には、個人的なメッセージのやり取りなどが流出してしまう危険があります。お店などの公共の場で席を離れる際は、置きっぱなしにしないように注意しましょう。また、スマートフォンにはパスワードや生体認証のロックをかけるとともに、遠隔でデータを消去する機能を有効にしておくことも有用です。

スマートフォンを対象とする危険なマルウェアも存在します。そのため、OSとアプリは常に最新の状態を保つとともに、アプリをインストールするときは公式ストアから信頼できるアプリのみをインストールするようにしましょう。

また、アプリの中には発信情報や位置情報などの個人情報を盗み取るものも存在するため、アプリがアクセスできる情報の範囲をよく確認し、アプリの目的とはそぐわない情報にアクセスするようであれば、インストールしないようにしましょう。

つなげよう

☐　自身ができるセキュリティ対策を確認しよう。

第 4 章

Web の活用・情報検索

つながるキーワード

　情報 I では、メディアとコミュニケーションとして、インターネットを利用してのコミュニケーションを学びました。本章では、社会における Web の活用を学びます。加えて、情報を活用する手段として、引用の方法を習得しましょう。

- インターネットのコミュニケーション
- 電子メール
- 情報発信
- 情報の信ぴょう性
- 情報検索
- 引用

ゴール

情報の発信や情報の利用について、実務的な知識だけではなく、マナーも習得しよう。

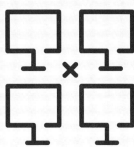

4.1 Web活用の基礎

4.1.1 その情報は正しい情報？ ― 受信側の心得

　インターネットの発達により、手軽に情報を伝達したり、情報を検索したりできるようになりました。人類が誕生した頃には、情報は口頭により伝達されていました。それが、文字の発展により、書くことによる情報の伝達をはじめ、15世紀には印刷物が普及しました。さらに、19世紀は電気通信技術が発達し、20世紀後半はインターネットが登場し、21世紀には文字だけではなく、動画での伝達が広まっています。そのおかげで、私たちは、24時間365日インターネットにつながっていれば、自分の興味・関心を解決することができます。

　しかし、みなさんが受け取る情報は、すべて正しい情報なのでしょうか。たくさんある情報の中から、正確な情報を見つけなければ、誤った知識を身に付けたり、誤った行動をしてしまう可能性があります。自分の専門分野であれば、情報の正確性を見極める力が備わっていますが、専門外の分野では情報の質を見極めることは難しいでしょう。

　そのため、メディアやSNSで発信されている情報には目的性があり、次のような発信者の意図が込められている可能性があることを認識しておきましょう。

(1) 発信者の価値観
　情報は、発信者の価値観に影響されています。インターネットだけではなく、新聞やテレビも保守的なメディアや革新的なメディアなど、それぞれの特徴をもち合わせています。

(2) 受信者の興味や好み
　テレビやラジオでは、時間帯に応じて視聴者の好みに合わせた番組制作を行っています。インターネットでは、閲覧者の過去の検索履歴を基に、情報を提示しています。

(3) スポンサーの存在
　スポンサーの存在も無視できません。SNSではPR商品の明記を行っていますが、スポンサーの商品を用いて、投稿が作成されているケースもあります。

　このような情報に関する背景を理解して、受信者は、情報に込められた意図を理解したり、想像したりしながら、情報を活用する能力が必要になります。情報の信憑性や価値を正確に判断する能力を「メディアリテラシー（Media literacy）」と呼びます。

　情報を読み解く力だけではなく、情報に手軽にアクセスできるからこそ、正しい情報検索を行う力や、情報を発信する力含めてメディアリテラシーを培わなければなりません。

4.1.2　インターネット上の情報検索

　インターネット上の情報を検索する場合は、GoogleやBing、Yahoo! Japanなどの検索エンジンを利用します。検索エンジンとは、Webページを利用して情報を検索するサービスのことです。

　以前は、ディレクトリ方式（登録型）として、情報を載せてほしい人が事前にキーワードの登録を依頼する形で、索引が人力で作成されていました。現在は、ロボット方式（自動収集型）として、検索ロボットと呼ばれるソフトウェアがWebの情報を自動的に収集したものが主流です。

　検索サービスを利用して、情報を得るためには、検索キーワードを工夫する必要があります。たとえば、「プロ野球A選手の推定年俸が知りたい」と考え、検索するとしましょう。「野球」というキーワードだけでは、一回の検索で目的とする情報にたどり着くことはできません。プロ野球選手の年俸について知りたいなら、「プロ野球選手」「推定年俸」のように両方のキーワード、またはそれ以上の複数のキーワードを利用すれば、より自分の興味・関心に近い情報を検索することができます。

　このように、複数のキーワードを組み合わせることで検索条件を詳細にすることができます。組み合わせを示したものが図4.1です。「A and B」であれば、AとBの両方を含みます。両方の条件を満たしたものだけが検索されます。「A or B」であれば、AかBのどちらかを含むものだけが検索されます。「A not B」であれば、Aを含みBを含まないことを意味します。前の条件は満たすけれど、後ろの条件は満たさない場合です。

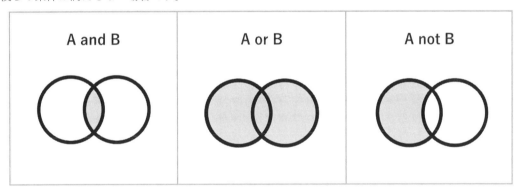

図4.1　情報検索のコツ

　さらに、情報の信頼性を高めたい場合は、政府が発信している情報などを参照するとよいでしょう。「site:（サイトコロン）」を利用すると、発信元（サイト）を絞って検索することができます。政府の場合は、「検索キーワード　site: go.jp」のように、「検索したいキーワード +site:+ 検索したいドメイン名」を指定しましょう。

【参考】ドメイン名

ドメインとはインターネット上の住所のようなものです。

ドメイン名を使うことで、「153.127.97.212」のような IP アドレスを直接使わずに、「www.osakac.ac.jp」（大阪電気通信大学ホームページ URL）のようなわかりやすい名前で Web サイトなどにアクセスすることができます。

日本の大学の Web ページに限定する場合　ac.jp
政府機関に限定する場合　go.jp
会社に限定する場合　co.jp

また、検索エンジンによって検索にオプションを付けることもできます。たとえば、Google では、「-（半角のマイナス）」は「含まない」の意味をもちます。

「ほうれん草 -レシピ」とすると、ほうれん草という言葉は含むが、レシピを含まないページのみが結果に表示されるため、情報を絞り込むのに便利です。他にも、"キーワード1　キーワード2　キーワード3" のように、「" "」で囲むとそこに示される文字の順序どおりに含まれているページのみが検索できます。たとえば、「"ほうれん草　たまご　塩"」であれば、「ほうれん草→たまご→塩」の順番で記載があるページのみが検索結果として表示されます。

【参考】論文検索用の検索エンジン

検索エンジンには、検索する目的に特化したものも存在します。論文検索に特化した検索エンジンとして、CiNii や Google Scholar をレポートや卒業論文を作成するときに利用します。

CiNii　https://cir.nii.ac.jp/
Google Scholar　https://scholar.google.co.jp/

【参考】図書検索は OPAC

授業やレポート作成などでは、大学図書館や公共図書館の図書を利用することがあります。膨大な蔵書の中から参照したい図書を探すためには、OPAC（オパック）を利用します。OPAC を使うことで、図書館が電子化した書名などの情報を使い、所蔵資料を検索することができます。

4.2 情報発信の注意点―発信者の心得

　発信者側に立って考えると、自分が発信した情報の意図がいつでも誰にでも正しく伝わると過信してはいけません。情報の個別性として、情報受信者は価値観や情報に対する評価が異なり、同じ情報を受信しても解釈が異なって伝わってしまうことも考慮しましょう。

　このような情報の特性を理解していないと、SNS上での炎上につながってしまい、現実社会でも損失を被るリスクが高まります。

4.3 情報発信としてのメールのマナー

　インターネットを利用したコミュニケーションとして、最も一般的なものが電子メールです。電子メールや、E-mail（Electronic-mail）と呼ばれています。

　電子メールは、インターネットを経由して文字やファイルを送受信する仕組みのことです。郵便のような特定の相手とやり取りする仕組みをコンピュータネットワーク上で実現しています。

4.3.1　メールアドレスの構成

　メールの所在を表すメールアドレスは、「ユーザ名@ドメイン名」のようにユーザ名とドメイン名で構成されています。たとえば、tunagaru@joho.ac.jp といったメールアドレスの場合、「tunagaru」がユーザ名です。ユーザ名とは利用者を識別するための文字列で、その後に続く、@以降が「ドメイン名」といいます。ドメイン名は、住所のような構造をしていて、それだけで意味をもっています。たとえば、〜@ gmail.com は、Google が提供しているフリーメールで、〜@ docomo.ne.jp は、携帯キャリアとの契約により提供されるアドレスです。他にも、「ac」は大学、「go」は政府、「co」は企業を表し、「jp」は日本を表します。

　大学から割り当てられているメールアドレスは、ユーザ名＋大学のドメイン名の場合が多く、差出人の@以降のドメイン名を確認するだけでその大学に在籍しているといった証明になります。図4.2の例を見ると、日本にある「joho」大学であることがわかります。

　大学の先生や就職活動などオフィシャルな場では、大学のメールアドレスを利用する方が信頼性は高くなることを認識しておきましょう。

tunagaru@joho.ac.jp

ユーザ名　　　組織名　組織種別　国名

ドメイン名

図 4.2　メールアドレスの構成

4.3.2　電子メールの仕組み

ユーザから送信されたメールは、送信メールサーバを経由して宛先のメールサーバに送られます。一般的にメールの送信・転送には、SMTP（Simple Mail Transfer Protocol）が利用され、届いたメールを受信するには、POP（Post Office Protocol）という、プロトコルを利用します。プロトコル（通信規約）とは、共通した取り決めのことを指します。

たとえば、郵便の場合、ポストに手紙を投函すると、地区の郵便局に集約し、その後目的地近くの郵便局に配達されます。そこから、受取人に郵便が届きます。メールの仕組みも郵便の仕組みと類似しています（図4.3）。

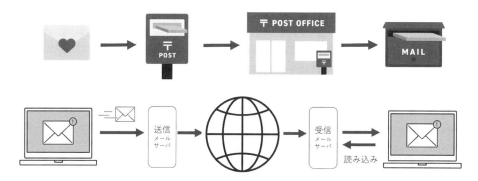

図4.3　電子メールの仕組み

送信元は、電子メールのデータをメールサーバに送信します。メールサーバは、宛先のメールアドレスからドメイン名を取り出して、宛先のメールサーバのIPアドレスをDNSサーバに問い合わせます。送信元のメールサーバは、メールのデータと宛先などをパケットとして相手先のメールサーバに届けます。受信側（相手先）のメールソフトは、メールサーバにメールがあれば、受信します。受信時のプロトコルとしては、POP（POP3）や、IMAP（IMAP4）が利用されます。

4.3.3　電子メールの特徴

メールには、以下のような特徴があります。

(1) 即時性はない

メールは、24時間365日送受信できてとても便利です。ただし、メールの利用方法は人それぞれであるため、いくつかの注意が必要です。

まず、メールを送っても、相手がいつ読むかはわかりません。すぐに読む人もいれば、1日に決まった時間に読む人、定期的にメールボックスを確認していない人もいるかもしれません。そのため、相手にはスピード感のある返信は期待しないことが重要です。特に、期日が決まっている要件の場合、メールを送信したら自分の責任が終わりではなく、受信先の相手に伝わるまでは自分にも責任があると考えましょう。

また、確実に相手に届くという保証はなく、相手側のメールボックスでは迷惑メールに分類されて読まれていなかったり、メールアドレスを1文字でも間違えたりするとエラーとなって戻ってくる場合もあります。さらには、インターネットはどこでトラブルが起きているかわからないことも想定してメールと付き合うことが必要です。相手からの返信が遅い場合などは、直接確認するなどの配慮も必要となるでしょう。

(2) メールの内容には気を付けよう

　メールは便利である一方、どこでメールの内容が漏れてしまうかわかりません。たとえば、メールのアカウントとパスワードが流失してしまい、第三者に見られてしまうリスクなどがあります。気のゆるみから、コンピュータの画面を立ち上げたまま離席をして他人に情報を見られてしまうなどといったケースも想定できます。

　そのため、パスワードなど機密性を求められる内容や、個人情報も最小限に抑える工夫が必要です。メールの内容は、万が一、他人に見られても問題ない内容を送信するようにしましょう。

4.3.4　メールの作成方法

　メールやSNSは、どちらも手紙のように伝達を目的としたツールです。ただし、メールとSNSでは、利用シーンや相手との関係性によって使い方が異なります。特に、SNSのような気軽な気持ちでのメール利用は、相手によっては、不快感を与えてしまうこともあります。

　SNSのやり取りは、短文やスタンプなど気軽な感覚でリアクションすることで、コミュニケーションを図ります。しかし、メールは記載事項が多く、形式を重んじる傾向があります。そのため、メールのルールやマナーを理解しておきましょう。ここでは、メールの作成方法を確認していきましょう。

(1) 送信先のメールアドレスの入力方法

　メールを送信する場合、「To」に送り先のメールアドレスを入力します。他にも、参考として同じメールを連絡する「Cc」、ToやCcの人には連絡先を知らせない「Bcc」があります。Ccとは、カーボンコピー、Bccはブラインドカーボンコピーの略です。

　また、明文化されたルールではありませんが、社会人として目上の人にメールを送る場合は、宛名の順番にも注意した方がよいケースがあります。複数の人に送る場合は、役職を上位の順から入力した方が無難でしょう。

(2) メール本文の要点
①件名はわかりやすく

　メールには件名を記載しましょう。件名は、簡潔に要件を書きます。

②宛先を書く

　SNSでは、宛先を書くことは少ないですが、メールでは基本的に本文にも宛先を記載します。

宛先が複数人の場合は、役職順位で記載します[13]。Cc で宛先を指定している場合は、括弧書きで宛名を書くとよいでしょう。必ず書かなければいけない決まりではありませんが、丁寧な印象を受け取ってもらえます。

③挨拶を添える

「お世話になっています」など、挨拶を添えましょう。相手によっては、挨拶を省略するケースもありますが、初めてメールを送る場合や、目上の人などには挨拶を添える方がよいでしょう。挨拶で、メールの印象を判断している人がいることを考慮して書きましょう。

④名乗る

初めてのメールでは、名前と所属を名乗ることも忘れないようにしましょう。大学生であれば、受講している科目や所属（学科など）、学生番号、名前などを名乗ります。

送信者は、受信者のことを知っているかもしれませんが、受信者は毎日多くの人に会い、多くのメールを受け取っているかもしれません。

⑤本文は明瞭に

本文は、漏れなく、誤解なく記載します。まずは、全体の要旨を記入し、それから詳細を伝えます。詳細に関しては、5W3H を意識して、大切な情報が漏れなく伝わるようにしましょう。そのために、箇条書きを上手く使うことも検討しましょう。

⑥結びの挨拶

「宜しくお願いいたします」や「ご検討の程、宜しくお願いします」など、相手に配慮した一言を添えると効果的です。

⑦署名

相手が、メールを見たときにリアクションしやすいような内容を記入します。署名は、相手に自分のことを知ってもらうための名刺のようなものです。たとえば、所属や名前、メールアドレスは最低限記載します。またシーンに応じて、電話番号や住所などを記載するケースもあります。メールには、自動で署名を入れる機能がありますので、登録しておきましょう（図4.4）。

---

[13] 明文化されたルールではありませんが、相手への敬意として配慮するとよいでしょう。

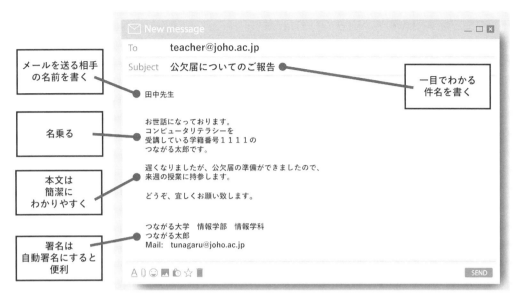

図 4.4 電子メールの基本構成

【参考】メール送信前の確認事項

☑ 宛先は正しいですか？
- 送信先を間違えて送ってしまっても取り消しはできません。
  ・違う人に送ってしまうと情報の流出になります。
- 個人宛メールを間違えてメーリングリスト（登録されている人全員に一斉に送信できる仕組み）に送ってしまって大失敗することもある。
  ・返信時にメーリングリスト全員が宛名になっていないか、送信にした人のみの宛先になっているかを確認する。

☑ 本文中に誤解を招いたり、相手に対して失礼な表現になったりしていませんか？
- 誤字脱字の確認と、相手に理解してわかってもらえるような表現になっているかを確認する。

4.3.5 受信したメールへの返信

　メールが届いたら、返信しましょう。メールは、すぐに読まれることは期待されていませんが、送信者は受信者へメールが届いたかが気になるものです。すぐに回答できない場合であっても、相手にメールが届いていることを伝えるとよいでしょう。

　メールを返信する際には、次の点に注意しましょう。

(1) 件名は変更しない方がよい

　メールの件名は、変更しないのがマナーとされています。一般的に返信ボタンを押すと、自動的に

件名に「Re：」がついて表示されます。この「Re：」は、返信を意味するもので、「Re：」をつけたまま返信するのがビジネスマナーとされています。

「Re：」が消えてしまっていると、相手は返信メールではなく、新規のメールと誤解をしてしまう可能性があるからです。しかし、ビジネスの現場などでは「Re：」を削除して、元の件名だけを表示するケースも見かけます。基本的に件名は、変更しない方がマナーであることを理解して、臨機応変に対応することが大切です。

(2) 返信時の宛先

受信したメールが、複数人の宛名になっている場合や、Ccにアドレスが指定されたメールが届いた場合、全員を宛名として返信をしましょう。

4.4　情報発信としてのオンライン会議のマナー

大学生活では授業や就職活動、社会人生活では打合せや会議など様々な場面でオンライン会議（Web会議）が普及しています。代表的なサービスは、ZOOM、Microsoft Teams、Google Meetなどがあります。サービスによって、細かな取扱いは異なりますが、音声・映像・アクションボタン・ファイルの共有などを用い、インターネット環境を通じて遠隔でコミュニケーションが取れることが特徴です。

インターネット環境があれば、どこでもアクセスできることはメリットです。しかし、対面と比較すると、場の空気感や相手の表情などの伝わりづらさがあるなどのデメリットがあります。そのため、オンライン会議では、相手に対して悪い印象を与えないようなマナーも重要なことです。

ここでは、オンライン会議における基本的なマナーを確認しましょう。

4.4.1　接続環境

オンライン会議では、通信回線などの接続環境によるトラブルが起こるケースがあります。面接など大切な場でトラブルが起こった場合、参加している相手方にマイナスの印象を与えてしまう場合もあります。そのため、事前に接続の確認や、カメラ・マイクの不具合に問題がないかを確認しておくことも重要です。トラブルがすぐに解消できない場合は、チャットなど別の通信手段を利用して参加者に連絡すると、参加者に安心感を与えることができるでしょう。

4.4.2　音声

オンライン会議では、音声による伝達が重要となります。そのため、自分のマイクをオンにしたままではなく、相手が発言しているときにはマイクをミュートにするなどの気遣いも大切にしましょう。また、外出先からの参加は、生活音が相手に聞こえている場合もあるので、十分な配慮が必要です。

4.4.3　カメラのオン・オフ

　カメラの取扱いは、授業や就職活動の面接など利用目的や主催者の考えによって異なります。カメラは就活などでは先方からの指示がなければ、基本はオンにしましょう。その他の場合は、主催者や先生からの指示にしたがいましょう。特に指示がない場合は他の参加者の様子を見たりして判断します。

4.4.4　身だしなみと背景

　どこからでもアクセスできるのがオンライン会議のメリットです。しかし、みなさんがオンライン会議を利用する場面は、授業やビジネスシーンのため、最低限の身だしなみを整えて参加しましょう。カメラをオンにする場合は、背景も他人から見て不快なものが映っていないかを確認しておくことも重要です。もしも、背景を隠す場合には、会議の内容に適しているバーチャル背景を利用しましょう。便利なツールだからこそ、相手に敬意をもち利用することで、双方間でよいコミュニケーションを築くことができます。

4.5　引用・参考文献の基礎

　レポートや論文を書くときには、Web の情報を活用したり、論文や本の文章を活用したりする場面も増えます。情報を利用する場合、引用や参考文献として、明記しましょう。私たちの研究活動は、すべて先人の研究の上に成り立っています。Google Scholar という、Google が提供している論文検索サイトでは、「巨人の肩の上に立つ[14]」と書かれています。多くの先輩方の業績の上に、私たちは今日を過ごしているのです。

4.5.1　引用

　引用とは、自分の論を説明するために、他者の著作物の一部を自身の著作物の中に含めて論じることです。他者の論述などを用いて、自分のレポートや論文、発表資料などに著者が過去の論文の調査を行った上で、新たな意見を述べる新規性や主張の信頼性・独自性を担保するために利用されます。著作権法 第三二条では以下のように明示されています。

---

[14] ニュートンが好んだ言葉だといわれています。

> 著作権法 第三二条
>
> 公表された著作物は、引用して利用することができる。この場合において、その引用は、公正な慣行に合致するものであり、かつ、報道、批評、研究その他の引用の目的上正当な範囲内で行なわれるものでなければならない。

引用は次のようなルールを満たさないと盗作や剽窃とみなされる場合があります。

①公表された著作物であること。
②出所の明示を行うこと。
③引用する必然性があること。
④「」や独立行、インデントなどにより、自分と他人の文章の引用部分が明確になっていること。
⑤引用する際に元の文章を改変しないこと。
⑥あくまでも本文が「主」であり、引用文が「従」となること。すなわち、自分の文章の分量が多く、引用文の方の分量を少なくする。

4.5.2　文献明示の方式

文献の表し方の代表的な例は以下の二つです。

(1) バンクーバー方式（引用順方式）
本文中の引用箇所に通し番号を付けて、論文の最後に番号順に記載する方法です。

> 【本文】
>
> 　大学生のレポートや卒業論文では、引用についての理解が重要である。「学術研究分野では、先人の業績の上に、自らの新たな業績を積み重ねていく。したがって、一般的に大学の卒論や研究論文では、参照文献がないということは考えられないし、参照文献の出典を正確に書くことは研究者のモラルとされてきた [1]」と、その重要性を研究モラルの観点から引用の重要性を述べているものがある。さらに、引用の基準として、Currency（新しさ）があり、「引用する情報を選択するとき、研究分野によっては、その情報が最近のものであるかを調べることが重要です [2]」と、引用した情報が古い情報でないかを確認することの重要性を述べているものもあります。
>
> 【参考文献】
>
> [1] 藤田節子 (2009)『レポート・論文作成のための引用・参考文献の書き方』日外アソシエーツ
> [2] 佐渡島紗織・オリベイラ, ディエゴ・嶼田大海・デルグレゴ, ニコラス（2020）『レポート・論文をさらによくする「引用」ガイド』大修館書店

(2) ハーバード方式（著者名・発行年方式）

引用箇所に著者名・出版年を括弧書き記し、論文の最後に著者名順で記載する方法です。

【本文】

　大学生のレポートや卒業論文では、引用についての理解が重要である。「学術研究分野では、先人の業績の上に、自らの新たな業績を積み重ねていく。したがって、一般的に大学の卒論や研究論文では、参照文献がないということは考えられないし、参照文献の出典を正確に書くことは研究者のモラルとされてきた（藤田　2009）」と、その重要性を研究モラルの観点から引用の重要性を述べているものがある。さらに、引用の基準として、Currency（新しさ）があり、「引用する情報を選択するとき、研究分野によっては、その情報が最近のものであるかを調べることが重要です（佐渡島等　2020）」と、引用した情報が古い情報でないかを確認することの重要性を述べているものもあります。

【参考文献】

佐渡島紗織・オリベイラ，ディエゴ・嶼田大海・デルグレゴ，ニコラス（2020）『レポート・論文をさらによくする「引用」ガイド』大修館書店

藤田節子（2009）『レポート・論文作成のための引用・参考文献の書き方』日外アソシエーツ

表示の方法については、学術分野や投稿する雑誌によっても異なるため、ルールを確認して記載を行います。

【参考】参考文献とは

　参考文献とは、レポートなど自分の文章を書く上で参考にした文献のことです。必ずしも、引用文として本文に明記する必要はありませんが、参考文献の記載が少ない場合、十分な調査ができていないのではないかと指摘されるケースがあります。しかし、参考文献の数を気にするあまり本論に関係のない先行研究までを記載することは本末転倒です。自分のレポートや論文の核になる主張や根拠、または、反対の主張などを論じている文献を記載するとよいでしょう。

　また、あまりにも古い年代の論文の場合、最近の研究を調査できていないと指摘されることがあるため、新しい文献からそこに書かれている先行研究を参考にして、辿っていくこともできます。しかし、論文中に引用されている内容や参考文献として明記している先行研究を読まずに、自分の成果物に記載することは「孫引き」と呼ばれており、ルール違反となります。

【参考】インターネットの情報を引用や参考文献とすることはできる？

　インターネットで書かれている情報を引用や参考文献として利用することは可能です。しかし、インターネットを利用する場合は、情報の信頼性に注意を払いましょう。誰がいつ書いたか、といった信頼性を確認した上で、情報の評価を行う必要があります。参考文献として記載していいものかは、指導する先生の確認を取ってから行うのがよいでしょう。

　また、大学生のレポートで見かける事例として、ネット検索の上位サイトを参考文献として記載するケースがあります。上位に表示された情報が正しい情報であるかどうかや、みなさんが求めている情報であるかどうかは本文を読み、内容や発信者が適切であることを確認しなければ判断できません。必ず、発信者を含めた情報の信頼性と、自分の論を説明するために必要な内容であることを確認してから利用しましょう。

　インターネットの情報は、調べる情報についての概要を知るためには便利です。しかし、情報の信頼性を担保するには、著者の責任で注意を払うことが求められています。

つなげよう

- ☐　自分が興味のある分野の論文を検索してみよう。
- ☐　論文が見つかったら、参考文献一覧を見て、引用の書き方を確認しよう。

第 5 章

文書作成

つながるキーワード

　情報Iでは「情報デザイン」において、情報を整理して、相手にわかりやすく伝えることについて学びました。本章ではコンピュータを活用した文書作成について学びます。

・文書作成
・レポート作成

ゴール

自らのコンピュータを使用して文書を作成する方法を身に付けよう。

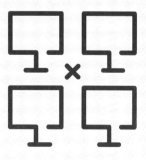

5.1　コンピュータによる文書作成

コンピュータで書類やレポートなどの文書を作成する際には、文書作成用ソフトウェアを使います。文書作成用ソフトウェアには、広く使われている Microsoft Word、オープンソースで開発が行われている OpenOffice Writer や LibreOffice Writer、Google ドキュメント、Pages などがあります。

ここでは Microsoft Word を使って、レポートを作成する方法について学んでいきましょう。

なお、使用する Word のバージョンやウィンドウサイズによって、表示されるメニューやアイコンが異なる場合があります。本書では、Windows 版 Microsoft Word 2021 を使用して説明します。本章で説明する設定内容は、例示された完成例と同じ文書を作成するためのものです。実際には、作成する文書によって設定内容が異なる場合があります。文書に応じてその都度、適切な値に設定しましょう。

5.2　Microsoft Word の基本操作

5.2.1　Word の起動と終了

Word の起動は、タスクバーから「Word」を検索し、検索結果に表示されたアプリを起動します（macOS の場合は Spotlight 検索で「Word」を検索し、検索結果に表示されたアプリを起動します）。Word がインストールされていない場合は、検索結果に表示されません。もしデスクトップやタスクバーに Word のアイコンがある場合は、それをダブルクリックすることでも起動できます。

新たに文書を作成する場合は、[新規] から [白紙の文書] または、使用したいテンプレートを選択します。保存した文書を編集したい場合は、[開く] から編集する文書を選択します（図 5.1）。

Word を終了する場合は、右上（macOS の場合は左上）の「×」をクリックするか、[ファイル] から [閉じる] を選択します。編集後にファイルが保存されていない場合は、保存を促すウィンドウが表示されます。

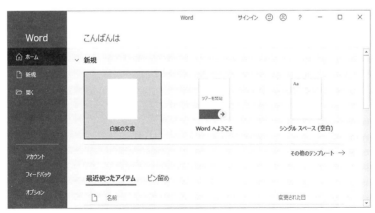

図 5.1　Word 起動時のメニュー画面

5.2.2　Wordの各種名称

Wordでは画面の上部に各種設定を行うためのアイコンが並んでいます。［ホーム］や［挿入］などのタブをクリックすることで、メニューを切り替えることができます（図5.2）。

図 5.2　編集画面

　タブの中は灰色の縦棒ごとにグループに分けられ、下には「クリップボード」「フォント」などのグループ名が表示[15]されます。［ホーム］タブには書式を変更する機能があり、［挿入］タブには図や表の挿入に関連する機能、［レイアウト］タブには用紙の設定に関する機能があり、［参考資料］タブには図表番号や目次を挿入する機能が用意されています。

5.2.3　文書の保存

　文書を保存するには、［ファイル］から［名前を付けて保存］を選択します。ファイルの保存先は、［その他の場所］の［参照］から選択することができます。文書はdocx形式で保存されます。他にもPDF形式なども選ぶことが可能です。

5.3　文書作成の基礎

5.3.1　文書の作成手順

Wordなどの文書作成ソフトでの文書作成は、

①文字入力
②書式の変更

15　Mac版でグループ名を表示するには、設定が必要です。

③図表の挿入
④保存・印刷

の手順で行うのが一般的です。

　文字を入力しながら書式を変更すると、意図しない部分に設定が引き継がれてしまい体裁が崩れてしまうことがあるので、ある程度の分量の文字を入力後にフォントサイズなどの体裁を整えましょう。また、文書はこまめに上書き保存をしながら作成を進めましょう。［Ctrl］＋［S］などショートカットキーを使うと便利です。

　ここでは文書作成ソフトを使った文書作成の基本として、次のような文書を作成してみましょう。まずは、Wordを起動して新たに文書を作成し、文字を入力します（図5.3）。

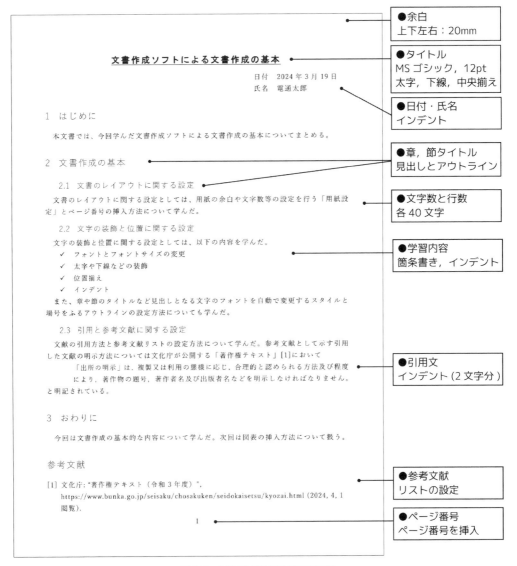

図5.3　本節で作成する文書の完成例

5.3.2　用紙設定

　用紙設定では、用紙の上下左右の余白や1行あたりの行数や文字数が設定できます。今回は、用紙の上下左右の余白を20mm、1ページあたりの行数と1行あたりの文字数は40に設定します。余白や1行あたりの行数、文字数は、作成する文書によって異なります。その都度、適切な値に設定しましょう。

　用紙設定を行うには、上の［レイアウト］タブの中にある［余白］をクリックし、一番下に表示される［ユーザー設定の余白］をクリックします（図5.4）。

　表示されたウィンドウでタブを「余白」に切り替えて、上下左右の余白を20mmに変更します。そして、「文字数と行数」のタブに切り替え、1ページにつき1,600字（40×40）の文字を入力できるように、1ページあたりの行数と1行あたりの文字数を「40」に設定しましょう。

図 5.4　用紙設定

5.3.3　フォントとフォントサイズの変更

　フォントとフォントサイズは、タイトルに相当する部分や文字を目立たせる場合に変更します。今回は、タイトルのフォントをMSゴシック、フォントサイズを12ptに設定します。

　まずは、変更したい文字をマウスで選択（ドラッグ）しましょう。フォントは［ホーム］タブの［フォント］グループにある「フォント名（デフォルトは游明朝）」をクリックし、候補から「MSゴシック」を選びます（図5.5）。その横にある数値（デフォルトは10.5pt）はフォントサイズを表しています。フォントサイズは「12」に変更しましょう。

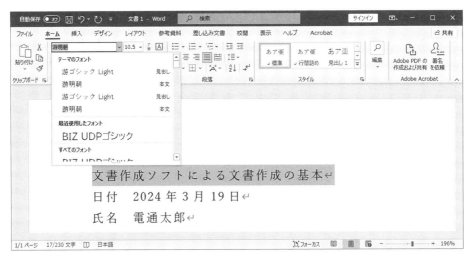

図 5.5　フォントの変更

5.3.4　文字装飾

　文字には太字や斜体、下線などの装飾を設定することができます。タイトルに太字と下線を設定しましょう。

　変更したい文字を選択（ドラッグ）した後、[ホーム]タブの[フォント]グループにある[B]をクリックすることで太字に、[U]をクリックすることで下線を設定できます（図 5.6）。

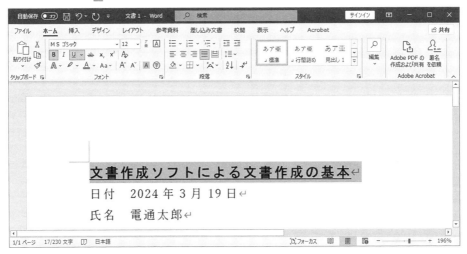

図 5.6　タイトルに「太字」と「下線」を設定

5.3.5　位置揃え

　文字の位置は段落ごとに揃えることができます。今回はタイトルを中央、日付と名前を右に位置を揃えましょう（図 5.7）。

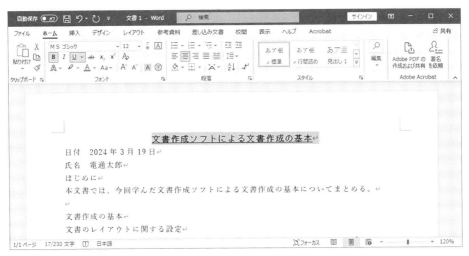

図 5.7　タイトルに中央揃えを設定

変更したい段落にカーソルを置いた後、[ホーム] タブの [段落] グループから意図する項目を選んで設定します。

5.3.6　インデント

日付と名前を右揃えすると、開始の位置がずれてしまい読みにくくなってしまいます。開始の文字の位置を揃えるためには、一度位置揃えを解除してインデントを設定します。インデントを設定することで、段落単位で文字の位置を揃えることができます（図 5.8）。

インデントは、[ホーム] タブの [段落] グループの中から [インデントを増やす] アイコンをクリックすることで、1 文字ずつ段落単位でインデントを増やすことができます[16]。

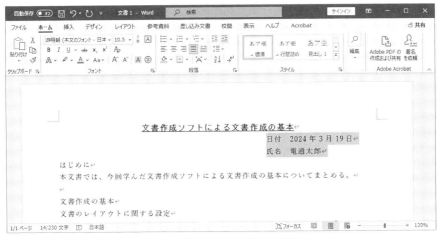

図 5.8　日付と氏名のインデントを増やす

---

16 [表示] タブの [ルーラー] にチェックを入れて、ルーラーでインデント調整することもできます。

5.3.7 　見出しの設定

　章や節のタイトルなど見出しとなる文字のフォントは、一つひとつ手動で変更するのではなく、見出しスタイルの設定を行い自動で設定しましょう。見出しの設定をすることで自動的に番号を付けたり、自動的に目次を作ったりすることができます。見出しの体裁を変更したいときは、スタイルを変更するだけですべての見出しを変更することができます（図 5.9）。

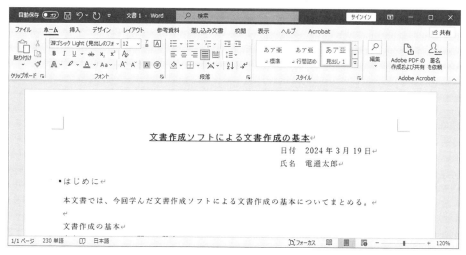

図 5.9　本文中の「はじめに」に「見出し 1」を設定

　章や節のタイトルに見出しの設定を行います。まずは見出しにしたい段落にカーソルを置いた後、［ホーム］タブの［スタイル］グループにある「見出し 1」や「見出し 2」を選択します。章には「見出し 1」、節には「見出し 2」、項には「見出し 3」を設定します[17]。参考文献には「見出し 1」を付けておきましょう。

　デフォルトではスタイルのフォントサイズは「見出し 1」が 16pt、「見出し 2」が 14pt に設定されています。少しサイズが大きいのでスタイルの変更を行い、フォントサイズをそれぞれ –4 の値に設定しましょう。まず、見出し 1 のフォントサイズを 12pt に変更します。［スタイル］グループの「見出し 1」の上で右クリックし、［変更］をクリックします。表示されたウィンドウからフォントサイズを変更し、［OK］ボタンをクリックしましょう。同様に「見出し 2」のフォントサイズを 10pt へ変更しましょう（図 5.10）。

17　先頭に付く■はスタイルが適用されたことを意味します。印刷はされません。

5.3 文書作成の基礎

図 5.10 スタイルの変更

5.3.8 アウトラインの設定

見出しの設定を行った段落に自動的に番号を付けます。

見出しの設定を行った段落にカーソルを置いた後、［ホーム］タブの［段落］グループにある［アウトライン］のアイコンを選択し、［新しいアウトラインの定義］をクリックします。

表示されたウィンドウからレベルに合わせて［レベルと対応付ける見出しスタイル］を設定します。1には「見出し1」、2には「見出し2」、3には「見出し3」を設定した後、［OK］ボタンをクリックします。このとき、参考文献に付いた数は消しておきましょう。

もし上手くいかなかった場合は、メニューから元に戻して、再度設定し直しましょう。

図 5.11 アウトラインの設定

5.3.9　箇条書きの設定

箇条書きの項目は、記号の「・」を入力するのではなく、箇条書きの設定で表しましょう。

箇条書きの設定をするには、箇条書きにしたい行にカーソルを置いた後に、[ホーム] タブの [段落] グループにある箇条書きのアイコンをクリックします。アイコンの右側にある「∨」をクリックして押すと箇条書きのマークを変更することができます（図5.12）。

箇条書きの設定した部分は、インデントを1文字分程度増やしてレイアウトを整えましょう。

図 5.12　箇条書きの設定

5.3.10　引用の明示

著作物を引用する場合は、文章中のどの部分が引用箇所なのかを明示する必要があります。引用元も合わせて明示します。主な引用箇所の明示方法としては、太文字、下線、フォントの変更、カギかっこで囲む、インデントがあります。ここでは、インデントによる設定方法を扱います。

今回は、参考文献の一つ目にある「著作権テキスト」から文を引用しているので、「著作権テキスト」の後に [1] を付け、引用文にインデントを2文字分程度増やします。図5.13で選択されている(灰色の)部分の前にある空白があります。ここにインデントが2文字分設定されています。

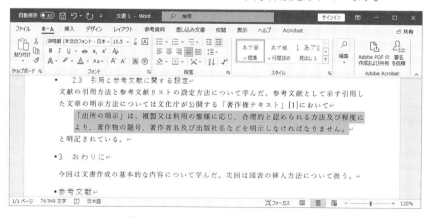

図 5.13　インデントを使って引用文を明示

5.3.11 参考文献のリスト化

レポートなどでは参考文献をリストにして表します。リストを設定するには、参考文献をすべて選択した後に［ホーム］タブの［段落］グループの中から［段落番号］の右側にある「∨」を選択し、［新しい番号書式の定義］をクリックします（図 5.14）。表示されたウィンドウから［番号書式］の数字を囲むように左右にそれぞれ半角で「[」と「]」を追加します（図 5.15）。

図 5.14　新しい番号書式の定義

図 5.15　「1」を半角の [ ] で囲む

5.3.12　ページ番号の挿入

　文書が複数ページある場合は、ページ番号を追加するとわかりやすくなります。ページ番号はページの上か下に挿入することができ、番号は自動的に付けられます。

　ページ番号は［挿入］タブの［ヘッダーとフッター］グループの中から［ページ番号］を選択し、今回はページ下部の中央に番号を挿入します（図5.16）。

図5.16　ページ番号の挿入

5.4　文書への図表挿入

　ここまでは文書の基本的な作成方法を学んできました。ここでは完成例のような「所持するパソコンの性能調査」の結果をまとめた文書の作成を通して、図表の挿入方法について学んでいきましょう。

5.4 文書への図表挿入

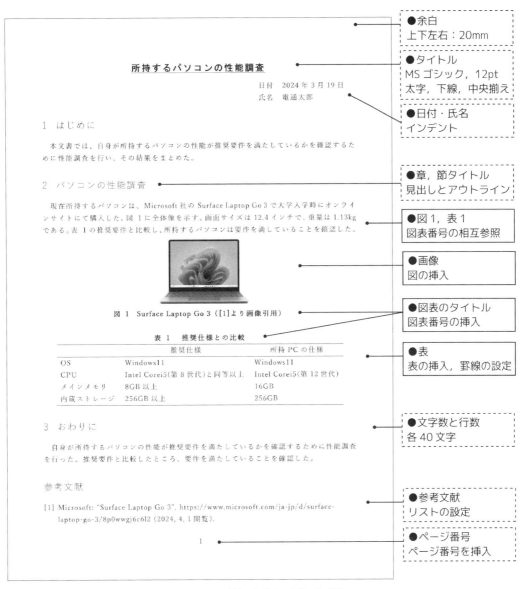

図 5.17　本節で作成する文書の作成例

　まずは Word を起動して新たに文書を作成し、文章を入力します。その後に前節で学んだ設定を行いましょう。図 5.17 の右側に書かれた設定内容のうち、破線で囲まれた設定内容が前回までに学んだ内容です。

5.4.1　図の挿入

　文書には自ら用意した絵や図、写真などを挿入することができます。挿入する方法はいくつかありますが、今回はコンピュータに保存された画像を、タブから機能を選択して挿入する方法を扱います。

まず、図を挿入したい場所にカーソルを置きます。次に、[挿入] タブの [図] グループの中にある [画像] を選択し、[このデバイス…] をクリックします。表示されたウィンドウから、文書に挿入したい画像を選択します（図 5.18）。

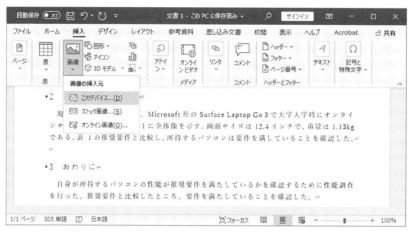

図 5.18　端末に保存されている画像を挿入する方法

【参考】図の編集

　挿入した図は、図の中で必要な部分だけを残したり、図を回転、拡大・縮小したりするなど、Word 上で編集することができます（図 5.19）。

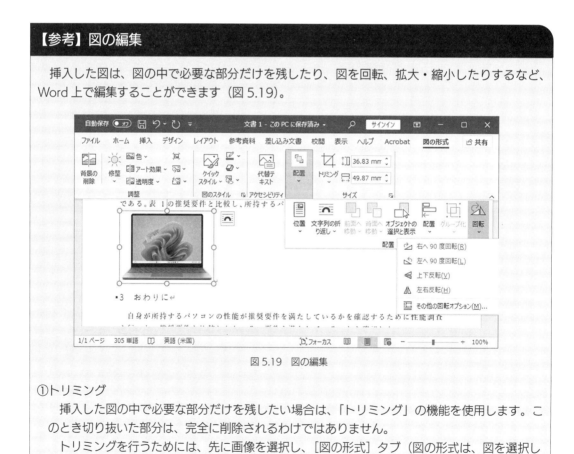

図 5.19　図の編集

①トリミング
　挿入した図の中で必要な部分だけを残したい場合は、「トリミング」の機能を使用します。このとき切り抜いた部分は、完全に削除されるわけではありません。
　トリミングを行うためには、先に画像を選択し、[図の形式] タブ（図の形式は、図を選択し

ないと表示されない）から［サイズ］グループの中にある［トリミング］のアイコンをクリックします。クリックすると、画像の四隅に太字の線が表示されるので、それをドラッグアンドドロップし、表示したい部分を選択します。選択したら［トリミング］のアイコンを再び押して確定します。

②図の回転
　画像の向きを変えたいときは、画像を選択後に［図の形式］タブの［配置］グループの中から［回転］のアイコンを選択し回転方法を選択することで変更できます。

③図の拡大・縮小
　図の大きさを変えたいときは、画像を選択後に［図の形式］タブの［サイズ］グループから［高さ］と［幅］の数値を変更します。

5.4.2　表の挿入

　文書には、表を挿入することができます。表は［挿入］タブの［表］グループにある［表］を選択した後に、マウスで何行×何列の表を作るのかを選択することで挿入することができます。作成後に行と列を増やすこともできます。今回は5行×3列の表を作成します（図5.20）。

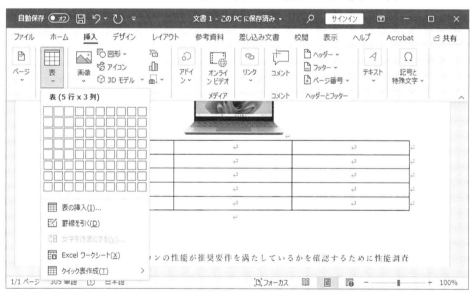

図5.20　表の挿入

【参考】もっと多くの行と列を作成したい

もし、表示される行列の数よりも多くの行と列の数を挿入したい場合は、[挿入]タブの[表]グループにある[表]を選択した後に[表の挿入]をクリックして、行と列の数を指定して表を挿入しましょう（図 5.21）。

図 5.21　表の挿入

5.4.3　表への文字入力

表に文字を入力したい場合は、入力したいセル（表の一つひとつの枠）にカーソルを置いて文字を入力します。隣のセルに移動したいときは矢印キーか[Tab]キーで移動できます。

文量が多く途中で改行されてしまう場合は、幅を調整して1行に収まるようにしましょう。幅を調整するには、調整したい箇所の罫線にマウスカーソルを合わせて、カーソルの形が外方向を向く矢印に変化した状態で横にドラッグすると調整することができます。

【参考】セルの編集

表内のセルは分割したり、複数のセルを一つにまとめたりすることができます。

①セルの結合
　表内の複数のセルは一つにまとめることができます。まとめたいセルを選択（ドラッグ）した後に右クリックして[セルの結合]を選択することで、一つにまとめることができます。

②セルの分割
　表内のセルは分割することで数を増やすことができます。セルの分割は、分割したいセルにカーソルを置き、右クリックして[セルの分割]を選択します。
　表示されたウィンドウから必要な列数や行数を入力して[OK]をクリックするとセルを分割できます。

③表内の文字位置の調整
　表のセル内の文字の縦方向の位置は、設定から変更することができます。
　調整したいセルを選択し、[レイアウト]タブの[配置]グループから設定したい位置を選択しましょう。

5.4.4 表の罫線の設定

罫線の設定を行うことで、表の不要な罫線の削除や線の種類を変更することができます。

罫線を変更したいセルを選択した後に［テーブルデザイン］タブの［飾り枠］グループから［罫線］の下にある「∨」を選択し、［線種とページ罫線と網掛けの設定］をクリックします（図 5.22）。表示されたウィンドウの左の［指定］を選択し、線の種類や罫線の追加・削除を行います（図 5.23）。

図 5.22　表の罫線の変更

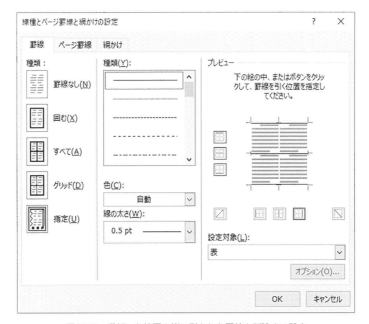

図 5.23　選択した範囲の縦に引かれた罫線を削除する設定

挿入した表を次の図と同じ表になるように罫線を変更しましょう。破線は罫線を削除した部分なので設定しません。まずは表全体を選択した後に、縦に引かれた罫線をすべて削除します。次に1行目の前後と一番下の横線以外を削除します。2行目から5行目までを選択した後に、中央に引かれた横線を削除します。

5.4.5　図表番号の挿入

レポートや論文などでは、挿入した図や表には必ず図番号、表番号とタイトルを付ける必要があります。本文中で挿入した図または表に関する記述を行います。このとき、「図表番号の挿入」の機能を使うことで、作成中に図の順番が入れ替わったときも、自動的に番号を付けてくれるので便利です。ここでは、挿入した図と表に番号とタイトルを付ける方法を学んでいきましょう。

まずは、図の下に図番号とタイトルを挿入します。はじめに番号を挿入する図を選択します。図を選択したら［参考資料］タブから［図表］グループの中の［図表番号の挿入］を選択します。［ラベル］は「図」を選択し、［図表番号］の数字の後にタイトルを入力します。［位置］は「選択した項目の下」にしましょう（図5.24）。

図 5.24　図番号とタイトルの挿入

次に、表の上に表番号とタイトルを挿入してみましょう。はじめに表を選択します。表の場合はセルにカーソルを置いたときに左上に表示される「＋」をクリックすると一度にすべて選択できます。［ラベル］は「表」を選択し、［図表番号］の数字の後にタイトルを入力します。［位置］は「選択した項目の上」としましょう（図5.25）。［OK］ボタンをクリックすると、表の上に表番号とタイトルが挿入されます。

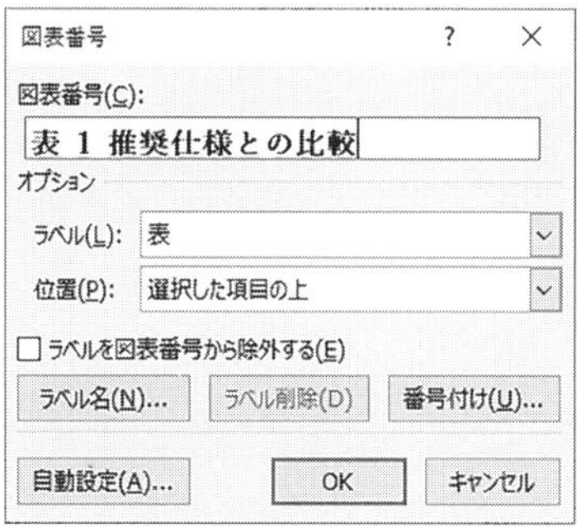

図 5.25　表番号とタイトルの挿入

【参考】ラベルが表示されない場合

図や表のラベルがない場合は、下の［ラベル名］をクリックし、新しく追加しましょう。［OK］ボタンをクリックすると、図の下に図番号とタイトルが挿入されます。

5.4.6 図表番号の利用（相互参照）

本文中で図表番号を参照するときは、「相互参照」の機能を使います。作成中に図の順番が入れ替わったときも自動で番号が変わるので便利です。

まず、図を相互参照します。図番号を挿入したい場所にカーソルを置きます。その後、［参考資料］タブから［図表］グループの中の［相互参照］をクリックします。表示されたウィンドウの［参照する項目］を「図」に変更し、［相互参照の文字列］を「番号とラベルのみ」に変更し、［挿入］ボタンを1回クリックします。表も同様に相互参照しましょう（図5.26）。

図 5.26　相互参照の設定

【参考】図表を追加した後の更新処理

図表を追加した場合、図表の追加に合わせて相互参照した番号を変更するために［フィールドの更新］が必要となります。［Ctrl］+［A］キーで文書全体を選択した後に右クリックし、［フィールドの更新］を選択します。

5.5 文書作成の応用

　ここでは完成例と同じ文書の作成を通して、大学でのレポートや卒業論文の作成時に使うと便利な機能について学んでいきましょう。まずは Word を起動して新たに文書を作成し、文章を入力します。その後に前節までに学んだ設定を行いましょう。図 5.27 の右側に書かれた設定内容のうち、破線で囲まれた設定内容が前回までに学んだ内容です。

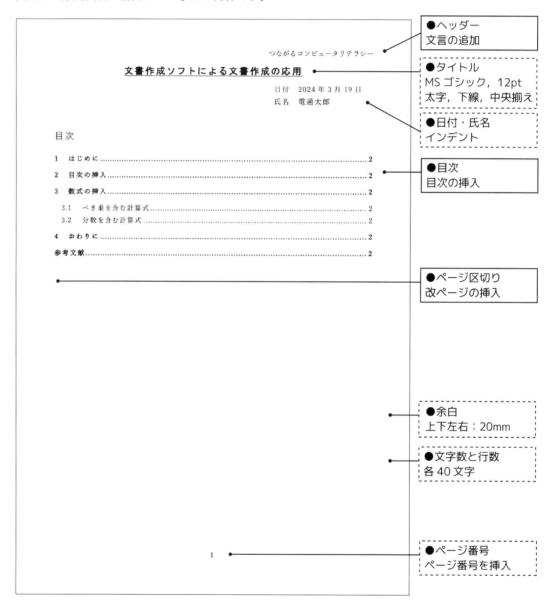

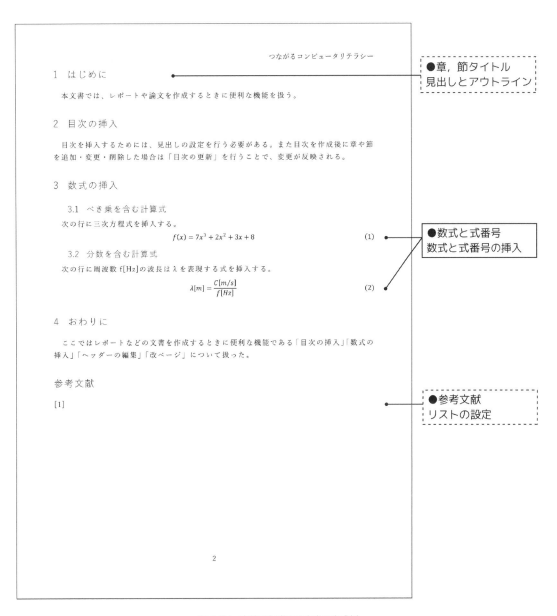

図 5.27　本節で作成する文書の完成例

5.5.1　目次の挿入

　あらかじめ章や節に見出しの設定を行っておくと、目次を自動的に作成することができます。目次の挿入は、挿入したい箇所にカーソルを置き、［参考資料］タブから［目次］グループの中の［目次］のアイコンをクリックし、挿入したい目次を選びます（図 5.28）。

図 5.28 目次の挿入

5.5.2　数式の挿入

次の二つの数式を図 5.27 の 3.1 と 3.2 に挿入します。

- $f(x) = 7x^3 + 2x^2 + 3x + 8$
- $\lambda\ [m] = \dfrac{C\,[m/s]}{f[Hz]}$

　数式は文字を入力して作成しようとするとわかりにくくなるため「数式の挿入」を使って作成します。数式は［挿入］タブの［記号と特殊文字］グループの中にある［数式］のアイコンをクリックして挿入します（図 5.29）。灰色の枠が表示されたら、半角英数字で数字や記号を入力していきます。特殊記号や分数、累乗などの上付き文字は、［数式］タブの［記号と特殊文字］グループや［構造］グループから適切なものを選択し、挿入します。

図 5.29　数式の挿入

たとえば、$7x^3$ のように x^3 を入力するには、[構造] グループの中にある「上付き文字」を選んだ後に破線の四角の中に x と 3 を入力します（図 5.30）。

図 5.30　上付き文字の挿入

λ のようなギリシャ文字は、[記号と特殊文字] グループから記号を探して挿入します。

5.5.3　式番号の挿入

数式の右側に式番号を挿入しましょう。次の手順で設定を行うことで番号を自動的に付けられます。まずは、数式を入力した末尾に「#」を追加します（図 5.31）。

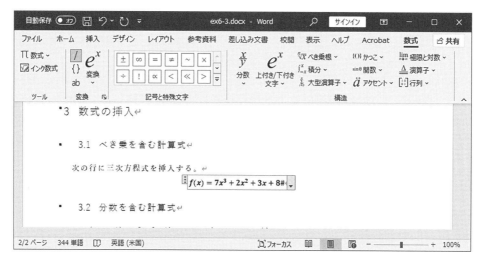

図 5.31　数式番号を挿入するための設定 (1)

次に、[参考資料] タブの [図表] グループの中にある [図表番号の挿入] をクリックします。ラベルを「数式」に変更[18]し、[ラベルを図表番号から除外する] にチェックを入れて [OK] をクリックします（図 5.32）。

図 5.32　数式番号を挿入するための設定 (2)

最後に、挿入された数字を () で囲み、カーソルを数式の右端に置いて [Enter] キーを押すと、右側に式番号が挿入されます（図 5.33）。

---

[18] ラベルがない場合は「ラベル名」をクリックし、「数式」を追加します。

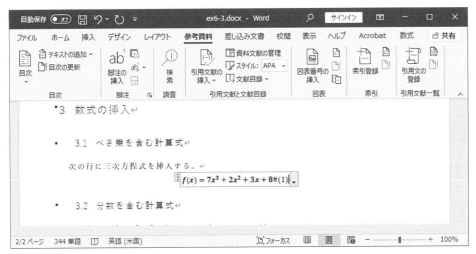

図 5.33　数式番号を挿入するための設定 (3)

5.5.4　ヘッダーとフッター

　ヘッダーはページの上部（余白の上部）のことで、フッターはページの下部（余白の下部）のことです。ヘッダーとフッターに入力した文字は、すべてのページで共通して表示されます。ヘッダーとフッターは、文書で共通に表示したい文言がある場合やページ番号を挿入するときに利用します。

　ヘッダーには「つながるコンピュータリテラシー」と挿入しましょう。[挿入] タブから [ヘッダー] を選択し、[ヘッダーの編集] をクリックすると編集が可能になります（図 5.34）。

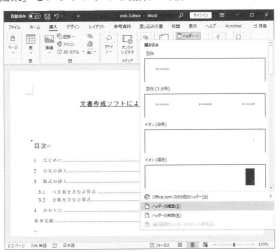

図 5.34　ヘッダーの編集

　編集を終えるときは、[ヘッダーとフッターを閉じる] をクリックするか、本文をダブルクリックして終了します。

5.5.5 ページ区切り

　ページ区切りには改ページ、段区切り、文字列の折り返しの3種類があります。次のページの先頭から文章を始めたいときは、[Enter] キーで空行を入れて次のページに移動するのではなく、改ページを使いましょう。

　改ページは、ページを変えたい箇所にカーソルを置き、[レイアウト] タブから [ページ設定] グループの中の [区切り] から設定することができます（図5.35）。

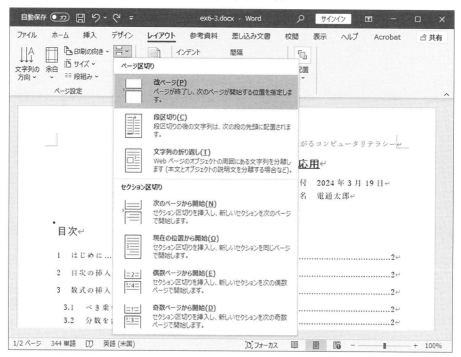

図 5.35　改ページの挿入

　目次と1章の間にカーソルを置き、改ページを挿入しましょう。設定すると、1章以降が次のページから始まります。

【参考】目次のページが変わらない場合

　目次のページ番号を最新の状態に変更する場合は、「目次の更新」を行います。目次の更新は、まず目次にカーソルを置くと上部に表示される［目次の更新］をクリックします。表示されたウィンドウから［目次をすべて更新する］にチェックを入れて［OK］ボタンをクリックすると、最新の状態に更新されます（図5.36）。

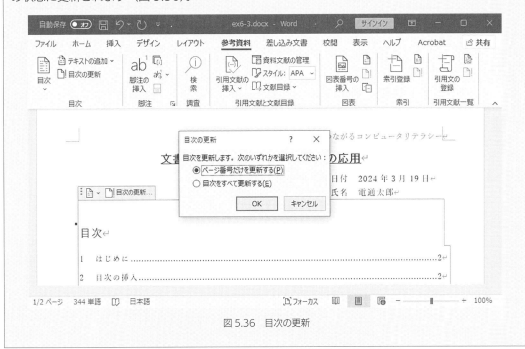

図5.36　目次の更新

つなげよう

- □　第2章と5.4で作成した文書を参考に、自らが所持するコンピュータの性能調査の結果をまとめた文書の作成をしてみよう。

第 6 章

表計算

つながるキーワード

情報 I では、データの活用として表計算を学びました。本章では、表計算として Excel の基礎を学びます。Excel は、大学でのデータ分析だけではなく、実生活でも広く使われています。

・表計算
・データ入力
・表の作成
・グラフの作成

ゴール

Excel の基礎を習得し、大学生活で利用できるようになろう。

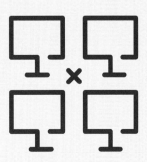

6.1 表計算ソフトの活用場面

　世の中には数値データがあふれています。身近なところでは、みなさんのテストの点数もデータです。1日あたりの学習時間や通学の距離などもデータです。

　これらの数値は、一見すると何の意味ももたないかもしれませんが、一定以上のサンプルがあれば、意味のある数値となることもあります。そのために、表計算ソフトを利用して、データをまとめ、表にしたり、数式や関数を利用して演算を行ったりします。表計算ソフトは、大学では研究活動、会社では売上の管理など、様々な用途で利用されています。

　表計算ソフトの代表的なものは Microsoft Excel です。他にも macOS に標準搭載されている Numbers、Google のサービスとして Google スプレッドシート、フリーの LibreOffice Calc などがあります。本章では、Windows 版 Microsoft Excel 2021 を中心に紹介します。

　一般的な表計算ソフトは、表を利用した計算を前提としているため、基本的な計算を簡単に行うことができます。計算には、様々な関数が用意されています。関数とは、計算を一つの数式で簡単に行えるようにしたものです。

　さらに、データの集計やグラフ化、簡単なデータ分析もできるため、集計や数字に関わるデータ入力に適しています。ただし、Word のような長文作成は得意ではないため、Excel の利点を生かした利用を行いましょう。

6.2 Microsoft Excel の基本操作

6.2.1　Excel の起動と終了

　Excel の起動は、Microsoft が提供する Word や PowerPoint などと同様に、アプリを起動させて利用します。終了する際も Word や PowerPoint と同様です。Excel を起動すると、図 6.1 の画面が表示されます。Excel では、一つのファイルを「ブック」と呼び、ブックの中で複数のシートを扱うことができます。Excel の名称は、表 6.1 の通りです。

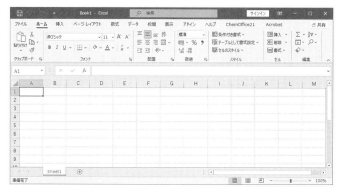

図 6.1　Excel の構成

表6.1 Excelの名称一覧

名称	機能
タイトルバー	ファイル名が表示されています。
ワークシート	作業スペースをさします。略して、シートと呼ぶことがあります。
リボン	コマンドを整理してグループごとに分類されています。
シート見出し	一つのブック（ファイル）に、複数のワークシートを作成することができます。シートをクリックすると、別のシートに切り替えができます。
名前ボックス	選択しているセル位置が書かれています。
数式バー	選択しているセルのデータまたは数式を表示します。
行番号	行を表します。数字で表示されています。
列番号	列を表します。アルファベットで表示されています。行番号と列番号を合わせたものがセルの番号です。
セル	シート内のマスのことです。

6.2.2 入力の基本

Excelでは、セルごとに文字や数字を入力します。セルをクリックするとセルを選択することができ、選択したセルには太枠がつきます（図6.2）。セル内に入力した「文字」は左、「数値」は右に表示されます。

図6.2 セルの選択

多くの数値データを入力する必要がある場合は、図6.3のように先に入力したい範囲を選択し、ショートカットキーを使用すると効率が上がります。図6.4のように値を入力し、図6.5のように次のセルに移動したい場合は[Tab]キーを押し、図6.6のように前のセルに戻りたい場合は、[Shift]キーを押しながら[Tab]キーを押します（図6.7）。

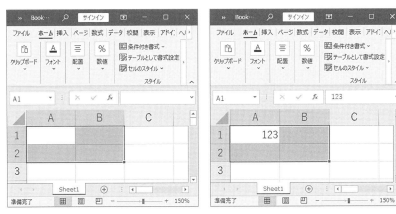

図6.3　範囲を選択する　　　　　　　　　　図6.4　値を入力する

図6.5　次のセルに移動する　　　　　　　　図6.6　前のセルに移動する

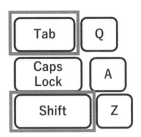

図6.7　TabキーとShiftキー

　セルに入力したデータを修正する場合は、修正したいセルをダブルクリックします。セルに入力したデータを削除する場合は、削除したいセルを選択した後にキーボードの[Delete]キーを押下します。複数のデータを削除したい場合は、削除したい範囲を選択して[Delete]キーを押下しましょう。
　入力した値が隠れている、見た目を整えたいときに、セルの列幅を変更します。セルの境目をドラッグしながら左右に動かすことで変更ができます。ダブルクリックで最適な列幅に自動調整されます。

【参考】数値入力になっているかを確認しよう

通常、Excel で数値を入力した場合、図 6.8 のように数字が右に入力されます。しかし、左に揃っている場合などは、数字として認識していない可能性があります。数字と認識していないと、計算ができないことがあるため、右揃えかを確認しましょう。

もし、右揃えでない場合は、[ホーム] タブから [数値] が「標準」または、「数値」になっているかを確認しましょう。

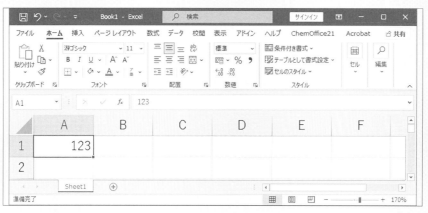

図 6.8 数値の場合は右に揃っている

6.2.3 シートの追加と名前の変更

編集しているブック（ファイル）に新しいシートを追加することができます。一つのプロジェクトを同じブックで管理するときなどに利用します。シートの追加をするには、左下にあるシート見出しの横「＋」マークをクリックすると、シートが追加されます（図 6.9）。

シートの名前を変更したいときは、変更したいシート見出しをダブルクリックすると、図 6.10 のようにグレーになるので、文言を入力し、[Enter] キーを押して変更を確定します。

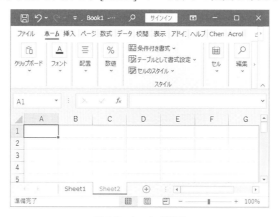

図 6.9 シートの追加

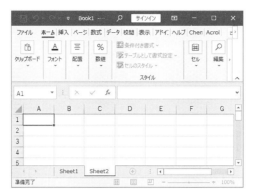

図 6.10　シート名の変更

6.2.4　Excel の保存

保存を行うには、Microsoft Word と同様に、[ファイル]から[名前を付けて保存]を選択しましょう。

6.3　表作成の基礎

6.3.1　表の作成手順

表の作成は、

①データの入力
②書式の変更
③表としての体裁を整える

の手順で行うのが一般的です。表の作成の基本として、図 6.11 のような表を作成します。

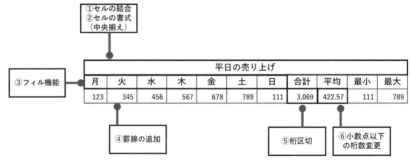

図 6.11　本節で作成する表の完成例

Excel を起動して新しいシートを準備しましょう。

6.3.2　セルの結合

まずは、図6.12のように「平日の売り上げ」とA1のセルに入力します。図6.13のように、複数のセルを一つのセルにまとめる場合は、A1からK1までのセルを選択し、[ホーム] タブ→ [配置] グループの [セルを結合して中央揃え] をクリックします（図6.14）。

他にも、セルを結合する中央揃えのショートカットキーとして [Alt] → [H] → [M] → [C] があります。表を整えるとき、セル内の文字の位置を変更します。セルを結合するときに中央揃えを選択すると、文字が中央に配置されますが、右や左に揃えたい場合は、変更したいセルを選択し、[ホーム] タブ→ [配置] グループから選択します。中央揃え、右揃え、左揃えなどがあります。

図6.12　データ入力の例

図6.13　セルの結合

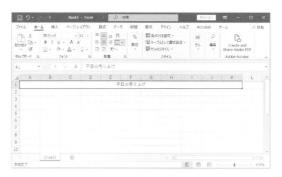

図6.14　セルを結合し、中央揃えした結果

6.3.3　フィル機能

「1.2.3.4……」「月火水木金土日」など、連続した数値や規則性のある数値などは、フィル機能を使います。

フィル機能による入力方法は、選択したセルの右下にカーソルを合わせ、＋マークの「フィルハンドル」が表示されたら、必要なセルまで右にドラッグします（図6.15）。

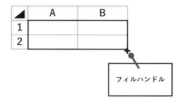

図6.15　フィルハンドル

それでは、先ほどのシートのA2のセルに曜日の「月」と入力しましょう。その後、A2のセルを選択し右下のカーソルに合わせ、＋マークを右にG2のセルまで選択しましょう（図6.16）。

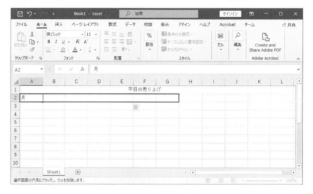

図6.16　フィル機能

自動的に月～日まで入力されたら書式を整えるため、配置グループにある中央揃えを選択します（図6.17）。

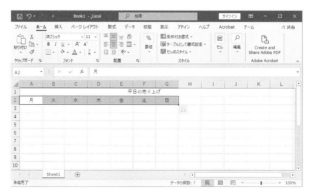

図6.17　フィル機能を利用した結果

【参考】規則性のある数値の入力

「1,3,5,7」のような規則性のある数値も入力ができます。
［ホーム］タブの［編集］グループにある［フィル］より、［連続データの作成］を利用します（図6.18）。

図 6.18　規則性のある数値の入力

6.3.4　文字や数値の入力

次に、H3 から K3 は、図 6.19 のように手入力で文字や数値を入力します。

図 6.19　入力例

6.3.5　罫線の追加

罫線を引きたいセルを選択した後、［ホーム］タブ →［フォント］グループ →［罫線］から適切なものを選択します。ここでは、［格子 (A)］を選択します（図 6.20）。

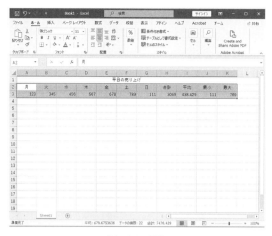

図 6.20　罫線

6.3.6　桁区切り

桁が大きい数値を読みやすくするために桁区切り（3 桁ごとのコンマ）を追加することができます。3 行目の数値を入力した部分に桁区切りを設定しましょう。桁区切りを設定したい A3 から K3 までのセルを選択し、[ホーム] タブ→ [数値] グループ→ [桁区切りスタイル] をクリックします。桁区切りを解除したいときは、[数値] の書式を「標準」に戻します（図 6.21）。

図 6.21　桁区切り（合計に 3 桁コンマがある）

6.3.7　小数点以下の表示桁数の変更

小数点以下の表示桁数を変更することができます。変更したいセルを選択し、[ホーム] タブ→ [数値] グループ→ [小数点以下の表示桁数を増やす] か [小数点以下の表示桁数を減らす] をクリックしましょう。今回は、平均の数値 I3 のセルを選択し、[小数点以下の表示桁数を増やす] を 2 回クリックしましょう。小数点第 2 位まで表示ができます（図 6.22）。

6.3 表作成の基礎

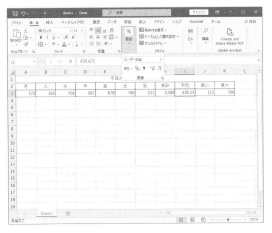

図 6.22　小数点以下の表示桁数

【参考】データの並べ替え

ExcelではデータをD順番を一定のルールで並べ替えることができます。データを並べ替える機能としてExcelには「フィルター」と複数条件で並べ替えることができる「並べ替え」があります。

①フィルター（図6.23）
- 並べ替えたい範囲を選択する。
- ［データ］タブ→［並べ替えとフィルター］グループの［フィルター］をクリックする。
- ▽ボタンを押して、昇順と降順のどちらかを選択する。

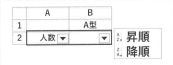

図6.23　フィルター

②並べ替え（図6.24）
- 並べ替えたい範囲を選択する（項目にタイトルがある場合は、タイトルも選択する）。
- ［並べ替え］をクリックし、並べ替えの条件を選択する。

図6.24　並べ替え

並べ替えの機能は、[レベルの追加]で並べ替えの条件を追加することができます。複数条件の追加は、[最優先されるキー]で並べ替えた後に、同じ値の部分を[次に優先されるキー]で並べ替えましょう（図6.25）。

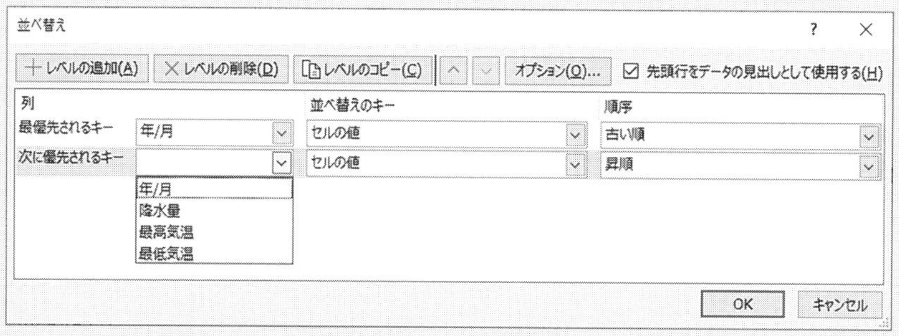

図6.25 複数条件での並べ替え

6.4 グラフの作成

6.4.1 グラフの基本

表計算ソフトでは、入力したデータを基に、グラフを描くことができます。

伝えたい・表現したい内容によって選択するグラフが異なることや、見せ方により、受け取り手に誤った印象を与えてしまう可能性があることには注意が必要です（図6.26）。

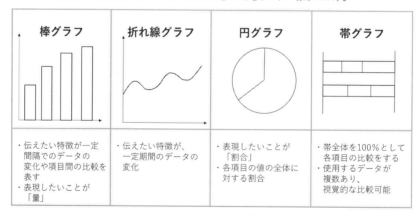

図6.26 グラフの特徴

6.4.2 グラフ作成の基本

それでは、新しいシートを準備して、グラフを作成しましょう。まず、図6.27のように値を入力します。

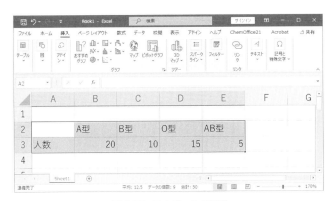

図 6.27　入力データの選択

その後、入力したデータを選択し、［挿入］タブの［グラフ］グループにある［おすすめグラフ］をクリックします。データに適したグラフがおすすめされるため、利用したいグラフをクリックします（図 6.28）。あらかじめグラフの種類が決まっている場合は、グラフ内にある自分が作成したいグラフの種類をクリックしましょう。

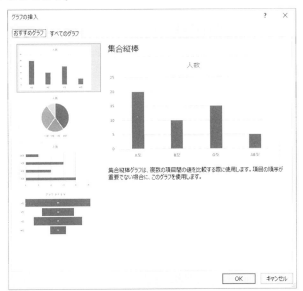

図 6.28　グラフ種類の選択

6.4.3　グラフの詳細設定

自動的に作成されたグラフをそのまま利用する前に、軸の単位など必要なものがあるか、軸の表示範囲が適切かなどより見やすいグラフになっているかを確認します。過不足があれば、グラフの詳細設定をします。グラフを構成する要素として、タイトルや凡例などがあります。

グラフの要素を追加・変更する場合は、図 6.29 のようにグラフを選択した後に表示される［グラフのデザイン］タブの［グラフのレイアウト］グループにある［グラフ要素を追加］を選択すると、

追加することができます。それぞれの詳細設定は［オプション］をクリックすることで可能になります。
　軸の単位を変更するときには、変更したい軸を選択し、右クリックをして軸の書式設定を開きます。軸のオプションで、最小値や最大値、単位を変更することができます。

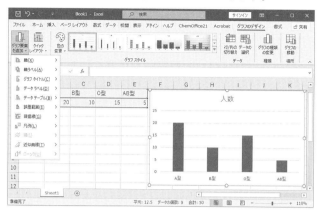

図6.29　グラフの詳細設定

6.4.4　グラフサイズの変更

　グラフサイズを変更することもできます。図6.30のようにグラフを選択すると表示される［書式］タブから［サイズ］グループの「幅」を変更します。グラフの縦横の比率を変更せずに拡大・縮小するには、「shift」を押しながら、グラフの四隅にあるいずれかの「○」をドラッグします。

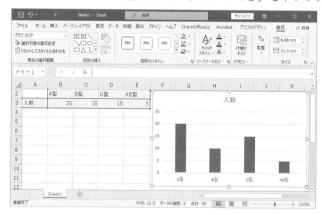

図6.30　グラフサイズの変更

【参考】作成した表とグラフの利用

　表計算ソフトで作成した表やグラフは、Wordなどの文書作成ソフトで扱うことができます。あらかじめ、グラフタイトルを削除し、グラフエリアの枠線を「枠線なし」に設定しておくとよいでしょう。

枠線の設定をするには、グラフを選択し、[書式] タブ → [図形のスタイル] グループ→ [図形の枠線] から [枠線なし] を選択します（図 6.31）。

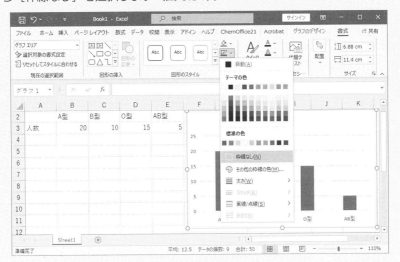

図 6.31　枠線なしの設定

表計算ソフトで作成した「表」または「グラフ」を、Word や PowerPoint に貼り付けて利用するには、対象の表やグラフを選択し、コピーをします。

表やグラフを挿入したい場所に、カーソルを置いて、右クリックし [形式を選択して貼り付け] を選択します。グラフの場合：[図] を選択、表の場合：[元の書式を保持] を選択し、フォントサイズを調整しましょう。

【参考】複合グラフ

「複合グラフ」とは 2 種類のグラフを重ねたグラフのことで、2 種類のデータの関連を見たいときに作成します。図 6.32 は、気温と降水量の関連を確認するためのグラフ例です。

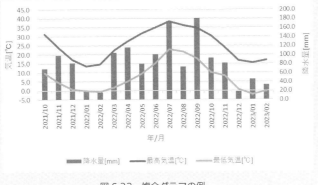

図 6.32　複合グラフの例

複合グラフはグラフ作成時に「組み合わせ」を選ぶか、次の手順で作成することができます。

①データを選択し、グラフを描写する。
②グラフから第2軸に設定したいデータを選択した後に右クリックし、表示されたメニューから[系列グラフの種類の変更]を選ぶ（図6.33）。
③表示されたウィンドウから、第2軸にチェックを入れる（図6.34）。

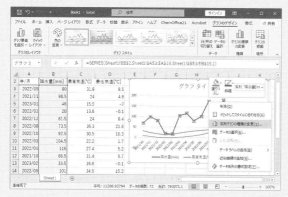

図6.33　複合グラフの例図

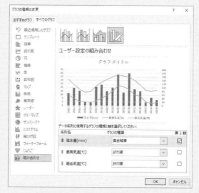

図6.34　複合グラフの種類の変更

6.5　ピボットテーブルでクロス集計表を作成する

　クロス集計とは、二つの変数を組み合わせて同時に集計することです。たとえば、男女別のアンケート結果を見るなど、二つ以上の変数についてより細かくデータを確認したいときに利用します。クロス集計をして、できあがった表がクロス集計表です。クロス集計を基に、関係を判断するために統計的検定を行うこともあります。Excelでは、ピボットテーブルを利用すると関数などは使わずにクロス集計表を作成できます。

6.5.1　集計したいデータを準備する

　1行目は、データの種類を表す値を入力する「性別」「売上」などのラベル付けをします。今回は、図6.35のように「血液型」と「国」をラベルとするデータを準備します。データは以下の点に気を付けます。

● データは連続して入力されており、空白行はない。
● セルにデータ以外の入力がない。

6.5 ピボットテーブルでクロス集計表を作成する

	血液型	国
1	A	日本
2	A	フランス
3	B	フランス
4	O	フランス
5	O	日本
6	AB	日本
7	A	日本
8	B	日本
9	AB	フランス
10	A	日本
11	O	フランス
12	AB	フランス
13	A	日本
14	A	日本
15	O	フランス
16	O	フランス
17	B	日本
18	B	日本
19	B	フランス
20	A	フランス

図 6.35　集計データ例

6.5.2　ピボットテーブルを利用して集計

［挿入］タブ→［テーブル］グループにある［ピボットテーブル］をクリックします。その際、作成先を指定します。［新規ワークシート］または［既存のワークシート］を選びましょう（図6.36）。

図 6.36　ピボットテーブルのフィールド

6.5.3　表示させたい項目を選択する

ピボットテーブルのフィールドが表示されたら、ドラッグアンドドロップでラベルを移動します。「列」「行」をそれぞれ指定し、値として集計したい場合「値」として移動させましょう（図6.37）。

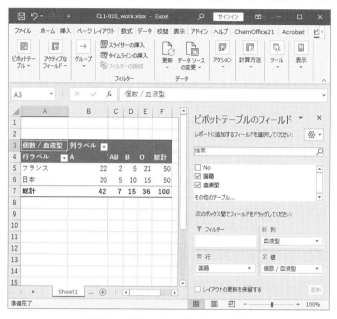

図6.37　ピボットテーブルのフィールド

6.6　数式や関数を利用して計算する

難しい計算もExcelを利用すると、簡単に行うことができます。Excelでは、セルに入力された値を利用する方法と、Excelに用意された関数を利用する方法で計算ができます。

6.6.1　計算の基礎

計算には、以下のルールがあります。

- 計算を行う場合は、セルに「=」を入力した後に数字を入力する。
- 数字や記号はすべて半角で入力する。
- 四則演算「+」「-」「×」「÷」は、それぞれ「+」「-」「*」「/」を利用（べき乗は「^」）。
- 「-」については、負の値を表す場合にも利用する。
- 計算時には(　)は使えるが、{　}や[　]は使えない。
- 計算の優先順位を考えながら式を作成する。

【参考】二つの式を比較するときに利用する比較演算子

=	等しい
<>	等しくない
<=	以下
>=	以上
<	より小さい
>	より大きい

6.6.2　セルに数式を入力する方法

Excel で計算を行う場合、セルに「=」を入力した後に数式を入力し、[Enter] を押すと計算されます。たとえば、図 6.38 のように A1 のセルに「=123+123」を入力して、[Enter] キーを押すと自動計算されます。このとき、記号や数字は半角英数字で入力しましょう。

図 6.38　数式を入力する方法

6.6.3　セルに入力された値を利用する方法

もともと、セルに値が入力されていたら、入力した値を利用して計算ができます。

① C1 のセルに「=」を入力し、A1 のセルをマウスで選択する。
② C1 のセルに「+」を入力し、B1 のセルをマウスで選択する。
③ [Enter] キーを押す。

上記の手順で行うと C1 のセルに計算結果が出力されます（図 6.39）。

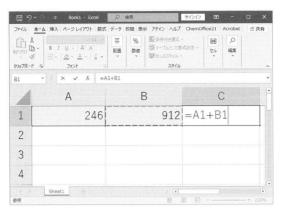

図6.39 値を利用して計算する

【参考】セル参照～相対参照・絶対参照・複合参照

　数式をコピーするとセルの位置関係がずれて、正しい計算が行われます（相対参照）。ただし、セルの位置がずれてしまうと計算結果が異なるケースもあるため、その場合は、絶対参照などを利用します。

①絶対参照
　セルがずれないようにするには、「＄A＄1」のように、行番号と列番号の前に「＄」記号を付けます。

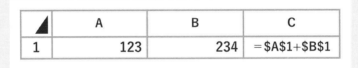

図6.40 絶対参照の例

②複合参照
　列のみ固定する、行のみ固定するといった複合参照もあります。

　列を固定したい場合、「＄A1」
　行を固定したい場合、「A＄1」

③セル参照の切り替え
　セル参照は、手入力で「＄」を押下せずに、「F4」を押下すると切り替わります。

　A1　相対参照　→　＄A＄1　　絶対参照　→　A＄1　行の固定　→　＄A1　列の固定
　　　　　　　　　　F4　　　　　　　　　　　F4　　　　　　　　　F4

　4回F4を押すと、相対参照に戻ります。

6.6.4 セルの表示がうまくいかない場合

Excelで計算は、エラーも表示してくれます。表6.2は主なエラー一覧です。

表6.2 主なエラー一覧

表示内容	エラーの意味
######	入力した値に対して、セルの表示幅が足りていません。列を広げると解決します。
セルの左上に▽	「なにか間違っていませんか？」のエラーマーク。値が、数値でなく文字列になっていたり、周りのセルとは異なる入力がされていたりする可能性があるので確認しましょう。エラーが修正されると▽は消えます。
1E＋10	指数で入力されている状態。セルを広げるか、桁区切りなどの書式を設定します。
＃NAME?	セルや関数が正しくないときに表示されます。
#REF!	指定したセルが参照できないときに表示されます。
＃VALUE!	不適切な値が入力されているときに表示されます。
#DIV/0!	0で割り算をしている場合に表示されます。
＃N/A	必要な値がない場合に表示されます。

6.6.5 関数の基礎

関数とは、計算式を簡略化するために定義された数式です。たとえば、「=A1+A2+A3+A4+……+A50」とセル番号を足していくと、時間がかかったり、間違える可能性が高くなったりと非効率です。

範囲内の数値の合計を求める関数には、SUM（サム）関数があります。「=SUM(A1:A50)」のように、SUM関数の前には、「＝（イコール）」を、後ろには「（　）」を付け加え、その括弧内に合計したいセル番号を示します。「=SUM(A1:A50)」のように入力すれば、50個のセルを一瞬で計算してくれます。

Excelは多くの関数が用意されているため、よく使う関数を覚えておくと便利です。

【参考】関数の基本的な考え方

関数：何らかの値（引数）を与えると、何らかの計算結果（処理結果）を返してくれる

関数の構造
= 関数名 (始点のセル番号 : 終点のセル番号)
＊数値はそのまま入力し、文字列は「" "（ダブルクォーテーション）」で囲みましょう。

6.6.6 関数を使って計算しよう

関数を利用する方法は、複数あります。

(1) 関数を直接入力する

図 6.41 のような値を入力している場合、C2 のセルに SUM 関数を入力して「A1:B1」の合計を求めます。

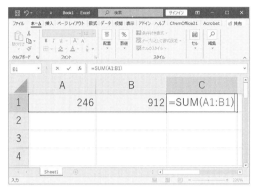

図 6.41 SUM の利用

手順は以下の通りです。

- C1 のセルに「=SUM(」と入力する。
- マウスで「A1:B1」を選択する。
- 最後に「)」を入力し、[Enter] キーを押す。

(2) オート SUM を利用する

合計（SUM）は、数式を入力せずに求めることができます。[数式] タブ→ [関数ライブラリ] の [オート SUM] を押すと、SUM 関数が自動的に入力され、合計範囲が自動的に選択されます（図 6.42）。

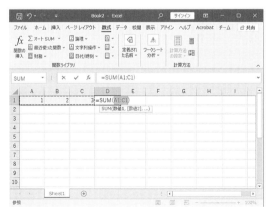

図 6.42 オート SUM

その他にも、よく利用する関数（表6.3）の平均（AVERAGE）、最大（MAX）、最小（MIN）もオートSUMの横にある「∨」をクリックすると、関数を選択でき、自動的に範囲も選択してくれます。関数を入力した隣り合うセルまでが自動選択されるので、範囲が自ら意図した通りに選択されているかを確認して利用するようにしましょう。

表6.3 よく使う関数

関数名	引数	処理内容
SUM	セルの範囲	与えられたセルの範囲の合計を計算します。
AVERAGE		与えられたセルの範囲の平均を計算します。ただし、空白は数えません。
MAX		与えられたセルの範囲の中の最大値を返します。
MIN		与えられたセルの範囲の中の最小値を返します。

【参考】シートをまたいだセルの参照方法

関数を入力するとき、別のシートのセルを利用することができます。

別のシートを利用する際には、数式を入力しているときに、シートをクリックして切り替え、利用したセルをクリックします。

別のシートを利用した場合は、「シート名！セル番号」のように、「！」が付きます。

=SUM(シート名!A1:A10)

6.6.7 関数の応用

Excelには他にも便利な関数が用意されています。ここでは、基本統計量と条件付き集計に関する関数を紹介します。

(1) 基本統計量

関数は、合計や平均のような簡単な数式だけではなく、日付や時刻を入力する便利な関数からローンなどを計算する財務に関する高度な関数まであり、機能別に12種類用意されています。

集めたデータから、特徴を表すための指標を「基本統計量」といいます。基本統計量を出力する場合、データ数が多い場合は、別途統計ソフトを利用した方が処理は早くて便利ですが、Excelの関数でも対応ができます。基本統計量では、平均、最大値、最大値の他に以下の項目も利用します。

表 6.4　基本統計量に利用する関数

関数名	引数	処理内容
MEDIAN	セルの範囲	与えられたセルの中央値を求めます。
MODE.SNGL		与えられたセルの範囲内の最頻値（個数が最も多い値）を求めます。
VAR.P		与えられたセルの範囲内の分散（データのばらつき）を求めます。
STDEV.P		与えられたセルの範囲内の標準偏差を求めます。

(2) 条件付き集計

条件に当てはまった場合、「TRUE」を返し、それ以外は、「FALSE」を返すなどの条件付き集計に利用する関数もあります。

表 6.5　条件付き集計に利用する関数

関数名	式	処理内容
IF	=IF(論理式,[真の場合],[偽の場合])	論理式が、真の場合に「真の場合」、偽の場合に「偽の場合」を返します。
OR	=OR(論理式1,[論理式=2],…)	指定した論理式のうち、一つが真ならば、「TRUE」を返し、それ以外は、「FALSE」を返します。
AND	=AND(論理式1,[論理式=2],…)	指定した論理式のうち、全てが真ならば、「TRUE」を返し、それ以外は、「FALSE」を返します。
COUNTIF	=COUNTIF(条件範囲,条件)	条件範囲から「条件」に一致するデータを検索して、その数を返します。

つなげよう

☐　計算方法の違いを確認してみよう。
☐　図 6.43 の表を作成し、計算方法の違いを確認しよう。

①以下の表を参考にして②〜④の方法で値を入力しましょう。
②「セルに数式を入力する方法」で求めます。
③「セルに入力した値を利用する方法」で求めます。
④「関数を利用する方法」で求めます。

平日の売り上げ										
月	火	水	木	金	土	日	合計	平均	最小	最大
123	345	456	567	678	789	111	セルに数式を入力する方法			
123	345	456	567	678	789	111	セルに入力した値を利用する方法			
123	345	456	567	678	789	111	関数を利用する方法			

図 6.43　つなげよう完成例

第7章

プレゼンテーション

つながるキーワード

情報Iでは、情報デザインとしてプレゼンテーションの方法を学びました。本章では、PowerPointを利用した資料作成から発表の準備までを学びます。

・情報デザイン
・プレゼンテーション
・スライド作成
・発表の準備

ゴール

プレゼンテーションソフトを利用して、大学の授業や研究発表に役立てよう。

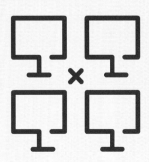

7.1 プレゼンテーションを活用しよう

みなさんは、これまで様々なプレゼンテーションを経験してきたのではないでしょうか。授業での発表はもちろん、就職活動などの面接も自分を知ってもらうためのプレゼンテーションの場といえます。

プレゼンテーションは、発表のためにスライドなどの資料を準備することではありません。プレゼンテーションとは、「自分の意見を正確にわかりやすく、印象的に伝えること」です。要するに、プレゼンテーションの目的は、相手に働きかけ、納得してもらい、相手にアクションを起こしてもらうことです。そのため、聞き手の立場に立ち、話を組み立てることが重要となります。

図7.1のようなPDCAサイクルを意識しましょう。PDCAサイクルとは、Plan（計画）・Check（評価）・Action（改善）・Do（実行）の順番に、継続的な改善を行うことです。プレゼンテーションを行うために、企画や資料作成を行い（Plan）、実施することで評価され（Check）を行い、さらによりよい内容になるために改善（Action）し、実行（Do）します。

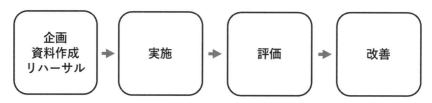

図7.1　プレゼンテーションのPDCAサイクル

7.2 プレゼンテーションの設計

7.2.1 目的設定はペルソナから考える

まず、プレゼンテーションのテーマや参加者に何を理解してもらうのかといった目的を決めましょう。目的を決めるときに、有効な考えがペルソナです。ペルソナとはマーケティング用語で、架空の顧客像を意味します。年齢、性別、趣味、職業、居住地、家族構成などの、より詳細なパーソナリティを設定します。そうすることで、確実に相手に訴求する商品を作ることができます。

たとえば、参加者は大学生、テーマが「就職活動の準備」だった場合、みなさんはどのようなプレゼンテーションを実施しますか。大学生といっても、大学1年生と大学3年生では、就職活動に対する意識や体験が異なるでしょう。そのため、同じテーマでも相手が知りたい情報は異なります。しかし、「大学3年生の男性、工学部出身。関西在住。実家暮らし。就職後は、一人暮らしを希望している。趣味は、ロードバイク」など、ペルソナを設定することで、具体的なターゲット設定ができます。

プレゼンテーションを実施するときに、相手を意識せず、内容を組み立てた場合、相手の満足度を十分に満たすことはできない可能性が高くなります。相手の知りたいことと、自分の伝えたいことの乖離を小さくするような工夫を行い、目的の設定を行いましょう。

7.2.2　発表時間からスライドの枚数を見積もる

　発表時間からスライド枚数を見積もれば、起承転結にかけるスライド構成も決まってきます。比較的短い時間の発表であれば、スライド 1 枚につき、1 分程度を目安に構成するとよいでしょう。発表時間が短い分、スライド 1 枚あたりのメッセージ性は重要となるでしょう。

　一方で、30 分程度の場合は、スライド 1 枚あたり、2 分程度を目安に構成します。とはいえ、スライド 1 枚あたりに要する発表時間は、人によって異なります。そのため、自分は 1 枚あたり、何分程度で話す傾向があるのかをあらかじめ知っておくとよいでしょう。そのために、スライドを作成した後の準備が重要となります。

　たとえば、20 分の発表であれば、10 枚程度のスライドを準備し、その中でストーリーを展開しましょう。プレゼンテーションは伝えたいストーリーを意識して作成しましょう。「序論　→　本論　→　結論」と起承転結を意識して構成すると相手にも伝わりやすくなります。

　他にも、結論を先に述べたり、キーワードになる言葉を表示したりして相手に理解を促すような方法もあります。プレゼンテーションに正解はなく、どのような構成を選択するにしても、聞き手が理解しやすいかと意識してストーリーを組み立てましょう。

【参考】検討事項の例

目的	：何をどこまで？
対象（ペルソナ）	：具体的な参加者をイメージする
会場	：オンラインか、対面か。対面なら規模感は？広い？狭い？
時間	：発表時間は何分で、質疑応答は何分か？
利用可能機器	：ICT 機器が利用できる環境か？
準備計画	：スライド完成・発表の練習はいつ行うか？

7.3　スライド作成の基礎

　スライドの作成には、PowerPoint や Keynote、Google スライドなどが多く使われます。使用するツールが異なっていても基本的な考え方は同じです。

　まず、スライド作成で気を付けることは、内容を書きすぎないことです。スライドは、あくまでもスピーチの補助資料だということを忘れないでください。聞き手が、補助資料を手元でじっくりと読み解くものではありません。もちろん、重要なことはスライドに盛り込むことは重要です。しかし、1 スライドには、多くても 7 ～ 9 行を目安に記述することを意識しましょう。なぜなら、聞き手はスライドを読みながら、相手の話を聞く、メモを取るといった複数のタスクを行っているからです。

　仮に、スライドの文字数が多いと、聞き手はスライドを読むことに一生懸命になってしまい、スピーチ内容が頭に入ってこないこともあります。図 7.2 に示す PowerPoint の構成の順位を参考に、スラ

イドは書く内容を吟味し、キーワードや単文（「■が△」「○は□」）を利用したり、写真やグラフなどの図解で示したりするなど工夫をしましょう。図 7.3 のように、同じ内容でも構成によって伝わり方が異なります。聞き手に伝えるための工夫を行いましょう。

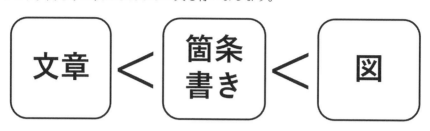

図 7.2　PowerPoint の構成の順位

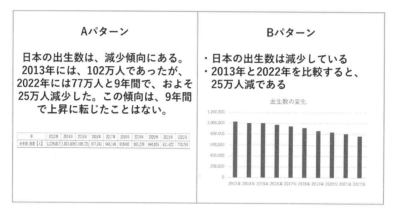

図 7.3　PowerPoint を利用したスライドの例 [19]

7.4　プレゼンテーションソフト（PowerPoint）の基礎

ここからは、Microsoft が提供している PowerPoint の基本操作を解説します。

7.4.1　PowerPoint の起動と終了

PowerPoint の起動は、Word や Excel と同様に、アプリを起動させて利用します。［スタート］メニューから「PowerPoint」を検索して起動させます。終了する際も同様に、閉じます。

19　e-Stat「人口動態調査 人口動態統計 確定数 出生」より筆者作成, https://www.e-stat.go.jp/dbview?sid=0003411595

7.4 プレゼンテーションソフト（PowerPoint）の基礎

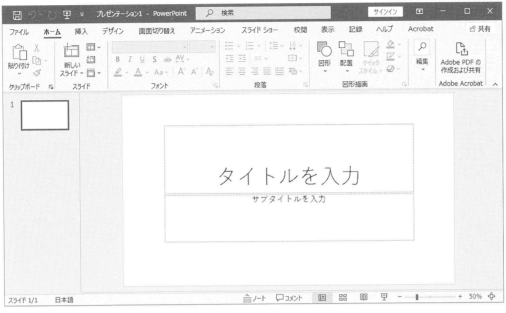

図7.4　PowerPointの例

PowerPointでは、それぞれのページをスライドと呼びます。スライドが構成しやすいように、タイトルやテキストなどを入力するための枠組みが配置されています。この枠組みをプレースホルダーと呼びます（図7.4）。それぞれの詳しい名称と機能は、表7.1に示しています。

表7.1　PowerPointの枠組み

名称	機能
タイトルバー	作業中のファイル名やログインアカウント名の表示
リボン	目的別のコマンドが分類されている。上部のタブで変更できる
スライドウィンドウ	スライドに入力する作業用域
サムネイルウィンドウ	すべてのスライドが閲覧できる
ステータスバー	表示モードの切り替え
ズームスライダー	倍率の変更

7.4.2　PowerPointの基本操作

(1) スライドのサイズ変更

［デザイン］タブ→［ユーザー設定］グループ→［スライドのサイズ］を選択し、標準またはワイド画面を選択します（図7.5）。

図7.5　スライドサイズの変更

　ワイド画面は、ディスプレイサイズのため、投影しても過不足なく映ります。スライドを作成している途中でも、標準からワイド画面、ワイド画面から標準への切り替えはできます。ただし、レイアウトが崩れてしまうため、初めから設定しておくとよいでしょう。

(2) スライドの追加

　［ホーム］タブ→［スライド］グループにある［新しいスライド］で白地のスライドを追加することができます。また、[Ctrl]+[M] キーでも白地のスライドが追加できます（図7.6）。

図7.6　スライドの追加

左側にあるサイドバーで、[ENTER] キーを押すことでも追加ができます。

(3) レイアウトの変更

スライドのレイアウトは、[ホーム] タブの [スライド] グループの中にある [レイアウト] から変更することができます（図 7.7）。

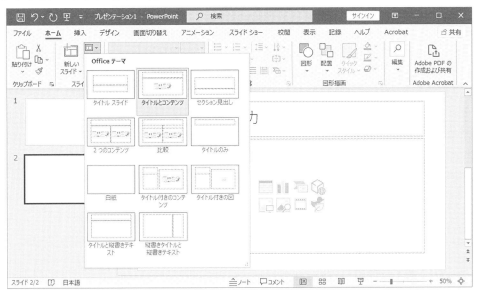

図 7.7　レイアウトの変更

7.4.3　スライドを作成しよう！

テキストボックスは次の手順で設定できます。

(1) テキストの挿入

PowerPoint は、文章を記載するよりも、ポイントになる文言を箇条書きすることで、読み手にわかりやすいように示します。テキストは、プレースホルダー内の枠に、文字入力を行います。

他にも、自分の希望する場所に、テキストを入力する機能として [テキストボックス] を使う方法があります。図 7.8 のように、[ホーム] タブ→ [図形描画] グループ→ [図形] → [テキストボックス] を選択する方法や、[挿入] タブ→ [テキスト] グループ→ [テキストボックス] を選択するなど、複数の方法があります。

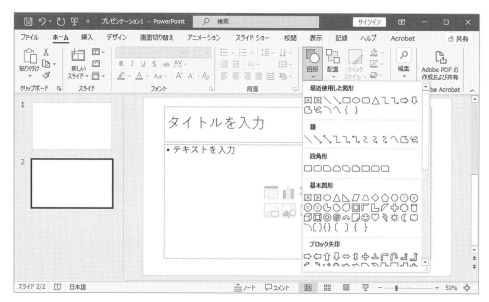

図 7.8　テキストの追加

ただテキストを入力するだけでは、相手に読ませるスライドになってしまいます。「●」のような行頭番号の付いた箇条書きや「1.2.3.」のような番号リストを使うことで、スッキリとした印象を与えることができます。

また、これらの機能を行うときに、利用したいのが「インデント」です。インデントとは、文章の頭に空欄をあけて、文章を右に移動させる機能のことです。インデントを活用することで、読みやすい文章になります。

インデントによる段落分けの方法は、インデントを付けたい場所にカーソルを合わし、[Tab] キーを押すと、インデントを増やす（右に移動）ことができます。また、[Tab]+[Shift] キーでインデントを減らす（左に移動、元に戻す）ことができます。

(2) 画像の挿入

スライドには、画像を挿入することができます。複数の方法があるので場合によって使い分けましょう。画像をコピーしてから［ホーム］タブ→［クリップボード］グループ→［貼り付け］で、画像が挿入できます（図 7.9）。他にも、ファイルから挿入する場合は、［挿入］タブ→［画像］グループ→［画像］で画像の挿入元から保存している画像がある場所を指定して挿入することができます（図 7.10）。

他にも、スライドの中央にあるプレースホルダーの［図］をクリックして、保存場所を指定し、目的の画像ファイルを選択して、図の挿入を行うことができます。

7.4 プレゼンテーションソフト（PowerPoint）の基礎

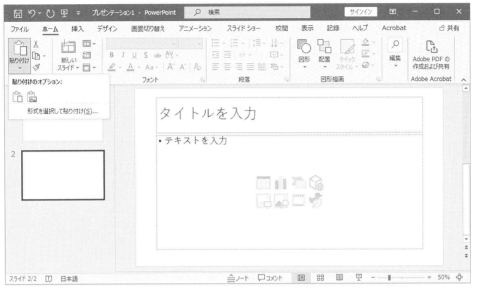

図 7.9　画像の挿入（貼り付け）

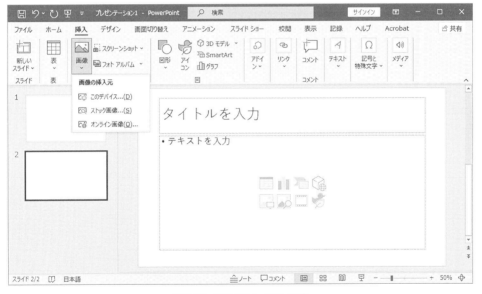

図 7.10　画像の挿入（挿入タブ）

【参考】画像の著作権に気を付けて

　インターネット上には、様々な画像がありますが、そのまま利用すると著作権を侵害する恐れがあります。著作権が心配な場合、「ストック画像」を利用すると、Office に用意されている無料の画像を使用することができます。上記に表示している (2) の方法の際、[ストック画像] をクリックして、利用してみましょう。

(3) 表の挿入

　表も画像と同様に、複数の方法があります。［挿入］タブ→［表］グループ→［表］を選択しましょう。挿入する表の行列を指定すれば、空欄の表が作成されます。表のデザインを変更したい場合は、表を選択すると［テーブルデザイン］が現れるので、適宜変更したいものを選択します。

(4) グラフの挿入

　グラフも、［挿入］タブ→［図］グループ→［グラフ］から作成します。グラフを選択し、データを入力します。再度編集するには、グラフを選択します。選択すると、［グラフのデザイン］タブが現れるので、［データ］グループ→［データの編集］を選択します。

(5) 図形の挿入

　図形の挿入は様々な方法があります。図 7.11 のように、［挿入］タブ→［図］グループ→［図形］から図形を選択する方法や、［ホーム］タブ→［図形描画］グループから図形を挿入する方法があります。

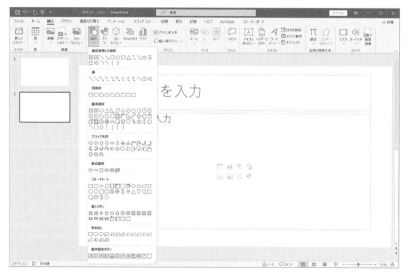

図 7.11　図形の挿入

(6) ページ番号の挿入

　スライドには、ページ番号を忘れずに挿入しましょう。ページ番号は、自分のためだけではなく、聞き手への配慮にもつながります。配布資料がある場合、聞き手は、配布資料と投影資料のスライド番号を照らし合わせて、発表を聞いています。そのため、スライド番号がない、またはスライド番号がずれている場合など、配布資料と投影資料に差がある場合は、ストレスを感じることがあるでしょう。なるべく、聞き手が発表に集中できる環境を作る配慮も重要なことといえます。

　スライド番号の挿入は、［挿入］タブ → ［テキスト］グループ→［スライド番号］です。図 7.12 のように表示されたボックス内のスライド番号にチェックを入れます。タイトルスライド（一番始めのスライド）にスライド番号を表示させない場合は、必要に応じて、［タイトルスライドに表示しない］のチェックを外します。［すべてに適用］をクリックすると、スライド番号が挿入できます。

図 7.12　ページ番号の挿入

7.4.4　応用編

(1) スライドマスター

すべてのスライドに同じ設定を反映させたいときに使用するのが「スライドマスター」です。全体的なフォントサイズを統一したり、すべてのページに同じロゴを挿入したりしたい場合などに、設定しておくと便利な機能です。初めに設定を済ませておくことで、見た目の統一ができ作業効率が上がります。

スライドマスターの基本操作は、［表示］タブ→［マスター表示］グループ→［スライドマスター］を選択します。設定が終了したら［マスター表示を閉じる］をクリックします（図 7.13）。

図 7.13　スライドマスターの表示

スライドマスターは、全体を一括で変更する「スライドマスター」と、部分的に変更する「レイアウトマスター」に分かれています。図7.14のように、左側にスライドが表示されます。

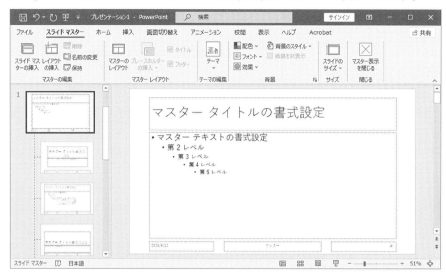

図7.14　スライドマスターの設定

図7.14の左側の一番上のスライドをスライドマスターと呼びます。その下に続いているスライドが、レイアウトマスターです。スライドマスターで設定した内容が、優先されるため全体の書式設定など一括で変更するときに利用します。レイアウトマスターは、表紙など個別に設定したい場合に利用します。

(2) アニメーション

最も重要な内容が強調されるように視覚効果を利用すると、効果的に伝えることができるでしょう。視覚効果として、文字修飾や画像・動画の挿入、テキストを動かすアニメーションなどがあります。

アニメーション表示は、以下の手順で設定を行うことができます。

表示する文章(行)や画像を入力した上で、アニメーションを設定したい部分を選択しましょう。［アニメーション］タブの［アニメーション］グループから、設定する効果を選択します。また、展開すると様々なアニメーションや効果を選択できます（図7.15）。

7.4 プレゼンテーションソフト（PowerPoint）の基礎

図 7.15　アニメーションの設定

【参考】アニメーションの順番を変更

アニメーションの順番を入れ替えたいときは、入れ替えたいアニメーションをクリックし、[アニメーション] タブ→ [タイミング] グループ→ [順番を前にする] または [順番を後にする] を選択します。

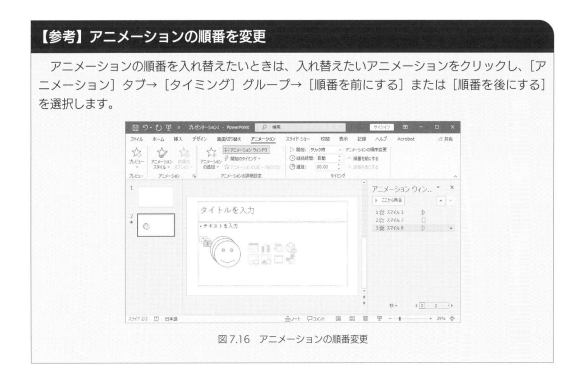

図 7.16　アニメーションの順番変更

【参考】アニメーションの詳細設定

アニメーションの実行タイミングなど、詳細な設定はアニメーションウィンドウの各項目から行います（図7.17）。

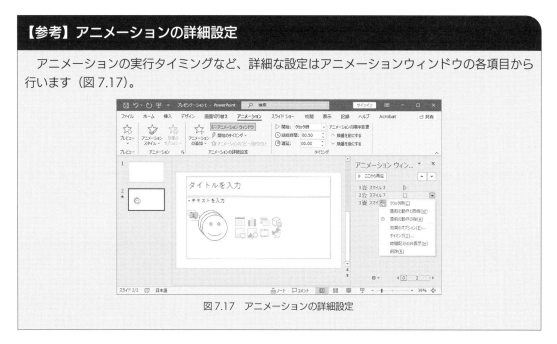

図7.17　アニメーションの詳細設定

(3) 音楽の挿入

スライドにはBGMを挿入することができます。発表の場の雰囲気次第ですが、効果的な演出をしたいときなど工夫次第で印象に残る発表ができるでしょう。

音楽の挿入は、［記録］タブ→［自動再生メディア］グループ→［オーディオ］の下、「∨」ボタンをクリックします。このコンピュータ上のオーディオをクリックし、自分で準備したオーディオファイルを選択すると音楽が挿入できます（図7.18）。

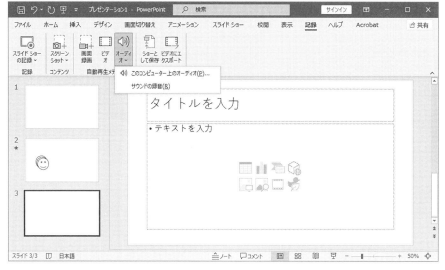

図7.18　音楽の挿入

7.5 発表の事前準備

7.5.1 事前準備で9割が決まる

資料の作成ができれば、発表の準備を行いましょう。良いスライドができたら終わりではありません。そのため、発表をするときには、発表までのスケジューリングとして、資料作成の時間と練習時間を確保して予定を立てます。「戦略は細部に宿る」といいますが、大きな視野をもち、細かいことまでこだわって設計すれば、少々失敗しても、準備をしてきたことは相手に伝わります。

反対に、スライドを作成して、相手に伝える準備を怠れば、それも必ず聞き手に伝わります。ゼミの発表のような継続的な学びの場であれば、自分が恥をかくだけで済むかもしれません。しかし、社会人になると、取引先に自分を売り込むチャンスはたった1回のプレゼンテーションで決まるかもしれません。準備はみなさんの人生を助けてくれるのです。

7.5.2 メモ欄の活用

わかりやすい発表のために、メモの機能を活用しましょう。PowerPointでのメモとは、スライド1枚に対して、メモ書きができる機能です。スライドショーを利用した場合、スライドに対して記入した内容を確認しながら、発表を進めることができます（図7.19）。

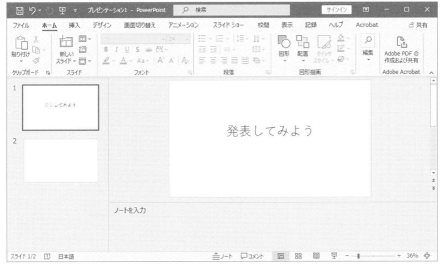

図7.19 メモ欄の表示

他にも、印刷時は印刷レイアウトをノートとすることで、スライドとメモを印刷することができます。発表時は、つい多く話すぎたり、時間が余ってしまったりするものです。あらかじめ、スライドで伝えたい内容を記載することで、聞き手に漏れなく伝えることができるでしょう。

7.5.3　スライドショー

発表者ツールとして、スライドショーがあります。[スライドショー]タブ→[スライドショーの開始]グループ→[最初から]で、スライドショーが始まります（図7.20）。

必要に応じて、最初から行うか、現在のスライドから行うかのどちらかを選択します。

図7.20　スライドショー

メモを入力しておくと、右下のように表示され、発表を行いながらメモを確認することができます（図7.21）。

図7.21　発表者ツールの表示

つなげよう

☐　10分程度の発表と30分の発表について、聞き手の受け取り方の違いについて考えてみよう。

第8章

プログラミングとソフトウェア

つながるキーワード

　情報Ⅰでは「コンピュータとプログラミング」「情報通信ネットワークとデータの活用」として、プログラミングの基本構造やデータベースを含む情報システムの仕組みについて学びました。本章ではプログラミングと合わせて、Webページの作成方法について学びます。

- プログラミング
- 情報システム
- データベース
- クライアントとサーバ
- HTML

ゴール

情報システムの構成を理解するとともに、プログラミングの基礎とWebページの作成方法を身に付けよう。

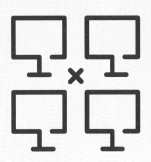

8.1 プログラミング（Python）の基礎

8.1.1 プログラミングとは

プログラミングとは、「コンピュータに人間の意図した処理を行わせるためにプログラムを書くこと」をいいます。プログラムはコンピュータが行うべき内容を記述したもので、プログラミング言語により作成します。

ここでは Python というプログラミング言語を使って、基本的な処理について学んでいきましょう。Python を実行するには、公式サイト（https://www.python.org/）からインストーラーをダウンロードして端末にインストールするか、オンライン上で Python が実行できる環境（Google Colaboratory [20] など）を利用します。

8.1.2 入力した名前を表示する

まずは図 8.1 のプログラムを入力し、実行してみましょう。このプログラムは、「お名前は？」と入力を促すプロンプトを表示します。

```
name = input("お名前は？")
print("こんにちは、", name, "さん")
```

図 8.1 入力された名前を組み合わせてあいさつを表示するプログラム例

そこにたとえば、「田中」と入力すると、「田中」という文字列が name という変数 [21] に保存されます。そして 2 行目で、「こんにちは、」と「さん」の間に、その変数 name の値を画面に表示します。

8.1.3 条件によって表示を変える

先ほどの図 8.1 のプログラムを実行したときに名前が何も入力されなかった場合、表示がおかしくなってしまいます。

そこで、変数 name に値が入っているかを確認し、入っていない場合は「匿名」としたいと思います。2 行目と 3 行目を追加しましょう。

---

20 https://colab.google/
21 変数は値を保存しておくためのもので、一つの変数には一つの値を保存することができます。

```
name = input(" お名前は？　")
if name == "" :
    name = " 匿名 "
print(" こんにちは、", name, " さん ")
```

図 8.2　変数が空のときだけ「匿名」を代入するプログラム例

8.1.4　繰り返し表示する

命令を一つのまとまりとして処理を繰り返したいときは、「for」や「while」を利用します。繰り返し回数が決まる場合は「for」、条件を満たす間だけ繰り返す場合は「while」を利用します。次の例では「アリが 1 匹」「アリが 2 匹」・・・「アリが 10 匹」と表示します。

図 8.3 は「for」を使った例で、1 行目の range() で 1 〜 10 の数列を作成します。数列の要素の数だけ「print(" アリが ", x, " 匹 ")」を繰り返します。変数 x には繰り返すごとに 1, 2, 3,・・・,10 の値が順に代入されます。図 8.4 は「while」を利用した例です。Python では実行する処理のまとまりをインデントで表します。x が 10 以下の間、繰り返したい 3 行目と 4 行目の命令は、インデントを揃える必要があります。

```
for x in range(1,11):
    print(" アリが ", x, " 匹 ")
```

図 8.3　for を使った反復

```
x = 1
while x<=10 :
    print(" アリが ", x, " 匹 ")
    x = x + 1
```

図 8.4　while を使った反復

8.1.5　リストに保存した値を表示する

図 8.5 のプログラムは、あるお店で月曜から日曜までの 1 週間に売れたメロンパンの数を求めるプログラムです。それぞれの曜日に売れた個数は、複数の値を保存できるリスト week に保存しています。リストを指定すると、リストの要素を取り出して変数 x に代入し、指定した命令を要素の数だけ繰り返します。取り出した要素を繰り返すごとに変数 sum に加算することで合計を求めます。

```
week = [5, 12, 15, 4, 6, 10, 26]
sum = 0
for x in week :
    print(x)
    sum = sum + x
print("1週間に売れた個数は ", sum, " です。")
```

図 8.5　合計を求めるプログラム例

8.1.6　売れた個数を計算する関数を作る

　図 8.5 のプログラムでお店のメロンパンが売れた個数を計算できるようになりました。しかし、売れる個数は週ごとに異なります。1 か月分の売れた個数を週ごとに計算しようとすると、図 8.5 の 2 〜 5 行の計算する処理を何度も実行することになり、プログラムが長く複雑になります。そこで、図 8.6 のように計算する処理をまとめて一つの関数 sumWeek を定義して、引数として売れた個数を渡すと計算結果を受け取れるようにしましょう。

　まず、図 8.5 の 2 〜 5 行を取り出して関数 sumWeek として定義します。カッコ内の week には、売れた個数が渡されます。最後に計算結果を戻すために「return sum」とします。

```
def sumWeek(week):
    sum = 0
    for x in week :
        print(x)
        sum = sum + x
    return sum

w1 = [5, 12, 15, 4, 6, 10, 26]
w2 = [4, 9, 20, 7, 3, 8, 13]
print("w1 に売れた個数は ", sumWeek(w1), " です。")
print("w2 に売れた個数は ", sumWeek(w2), " です。")
```

図 8.6　合計を求めるプログラム例

　関数 sumWeek を実行するときは、10 行目の「sumWeek(w1)」のように引数としてリストを渡すと、計算結果を返します。

8.2 データベース

8.2.1 データベースとは

情報システムでは、大量のデータをどのように管理するのかが重要です。このとき、データを利用しやすいように決められた形式で蓄積したデータを「データベース」といいます。データベースは、データベース管理システム（DBMS）によってデータを安全に操作したり、データが重複して登録されないようにしたり、複数人が同時にアクセスしてもデータの整合性を保てるように管理されています。

データベースには様々な種類がありますが、データを表として扱うリレーショナル（関係）データベースが多く使われています。リレーショナルデータベースは、図8.7のように同じ項目は縦方向に並ぶように書き、データの組み合わせを横に並べます。縦方向を「列（フィールド）」、横方向を「行（レコード）」といいます。表は「テーブル」といい、複数のテーブルに分けて管理しています。

売上データ

商品コード	売上日	曜日	時間	性別	年齢層
G6148	4/1	日	朝	男	若者
J0940	4/1	日	朝	女	若者
S6356	4/1	日	朝	男	成年
S4436	4/1	日	昼	女	成年
G3944	4/1	日	昼	男	子ども
T0344	4/1	日	昼	女	子ども
S6356	4/1	日	夕方	男	若者

商品データ

商品コード	商品名	内容量	メーカー	価格
C4009	チキンヌードル＜カレー味＞	22	みずうみ製麺	150
C6390	坦々ヌードル	25	みずうみ製麺	150
C7320	トマトヌードル	23	みずうみ製麺	150
C8522	シーフードヌードル	53	みずうみ製麺	170
C6526	ゆずヌードル	24	みずうみ製麺	170
G2320	デコチュウ＜アップル＞	58	銀河製菓	105
G3944	デコチュウ＜さくらんぼ＞	58	銀河製菓	105

図8.7　売上データと商品データを管理するテーブル例

8.2.2 データベースの操作

リレーショナルデータベースでは、次の三つの操作を組み合わせて目的の情報を取り出します。

①選択：表から条件に合った行を取り出して表示します。
②射影：表から一部の列を表示します。
③結合：複数の表を共通する項目で結び付けて、一つの表として扱います。

コンビニデータベースを例に、それぞれの操作結果を確認しましょう。コンビニデータベースには、「売上データ」と「商品データ」の二つのテーブルがあります。図8.8は「商品データ」テーブルに対して「選択」を行い、その結果に対して「射影」を行った後、その結果に対して「売上データ」テーブルを「結合」したときの表の変化を表しています。

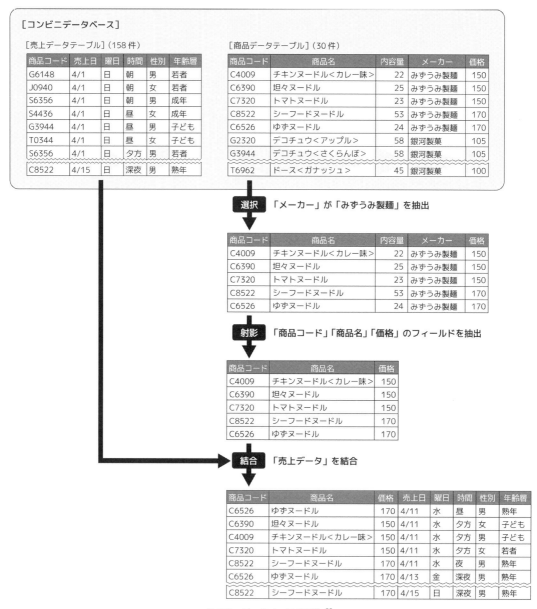

図 8.8　データベースの操作[22]

　まず、「選択」の矢印の下にある表は、「商品データ」テーブルから「メーカー」が「みずうみ製麺」のデータを抽出した結果です。このように「選択」は、表から条件に合った行を取り出して表示します。

　次に、「射影」の矢印の下にある表は、「メーカー」が「みずうみ製麺」のデータを抽出した結果から表示する列を「商品コード」「商品名」「価格」の三つとした結果です。このように「射影」は、表から一部の列を表示します。

22　データベース学習システム「sAccess」（https://saccess.eplang.jp/）のデータを使用

最後に、「結合」の矢印の下にある表は、「売上データ」テーブルを結合した結果です。「売上データ」と「商品データ」に共通する「商品コード」をキーとしてデータをつなげています。

このようにリレーショナルデータベースでは、操作を組み合わせて目的の情報を取り出します。データベースの操作は、SQL などのデータ操作言語で行います。use 文でデータベースに接続し、select 文でデータを選択・射影・結合します。他にもレコードの追加や削除、データの更新なども行うことができます。

8.3 情報システム

情報システムとは、「ネットワークに接続されたコンピュータやサーバなどの機器が連携して利用者に情報を提供する仕組みのこと」をいいます。日常生活のあらゆるところで情報システムが稼働しています。

コンビニエンスストアでは、POS システムと呼ばれる情報システムが利用されています。POS システムでは、レジで商品のバーコードを読み取ることで、代金の精算や商品の在庫などの記録を行うとともに、店員が購入者の性別や年齢層などの情報も合わせて記録します。

これにより、「どのような人がどんな商品を購入したのか」といった情報が収集できます。また、各店舗で収集したデータをデータベースに蓄積することで、効率的な在庫管理が行われています。さらに、得た情報で商品の販売計画や新商品の開発などにも活用されています（図 8.9）。

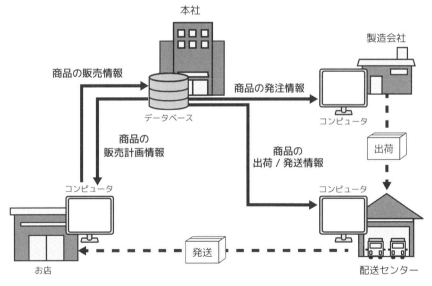

図 8.9　POS システム

8.4 HTMLとCSSによるWebページ作成

ここでは、HTMLとCSSを使ったWebページ作成について扱います。

8.4.1 HTML

HTML（Hyper Text Markup Language）とは、Webページを作成するためのマークアップ言語です。HTMLの基本的な文書構造は図8.10の通りです。図の内容をテキストエディタ（☞第2章、p.028）に入力し、「index.html」というファイル名で保存しましょう。保存できたら、index.htmlをブラウザで開き、確認してみましょう。index.htmlをダブルクリックするとブラウザで開くことができます。

```
<!DOCTYPE html>
<html lang="ja">
<head>
<meta charset="UTF-8">
<title> 私のページ </title>
</head>
<body>
<h1> 私のページ </h1>
<p> ここに文章を入力 </p>
</body>
</html>
```

図8.10　HTMLの文字構造（index.html）

HTMLでは文字や画像などの要素を開始タグ（< ●● >）と終了タグ（</ ●● >）で囲むことで、意味付けを行っています。たとえば、「<h1> 私のページ </h1>」は「私のページ」の文字が「見出し1」という意味になり、その部分をWebブラウザで確認すると、それに基づくスタイルが設定されていることがわかります。それぞれのタグの意味は、以下の通りです。

- <head>~</head>　　　　：文書のヘッダ情報
- <meta charset="UTF-8">　：ファイルの文字コードをUTF-8に設定
- <title>~</title>　　　　：Webページのタイトルを設定
- <body>~</body>　　　　：本文を設定
- <h1>~</h1>　　　　　　：見出し1を設定
- <p></p>　　　　　　　：段落を設定

ファイルを作成した時点ではindex.htmlはWebページとして公開されているわけではありません。公開するには、ファイルをサーバにアップロードする必要があります。

【参考】その他の HTML タグ

①見出し
　見出しは <h1>...</h1> が一番大きく、次に <h2>...</h2>，<h3>...</h3>... の順に小さくなります。

②段落
　段落は、<p>...</p> で設定します。

③リスト
　箇条書きは <ul>...</ul> で設定します。各箇条書きの部分は、<li>...</li> で設定します。

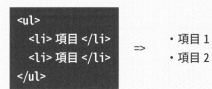

番号付きの箇条書きにしたい場合は、<ul>...</ul> を <ol>...</ol> に変更します。

④表
　表は <table>...</table> で設定します。行は <tr>...</tr>、列は <td>...</td> で設定します。border='1' は枠線の太さを指定しています。

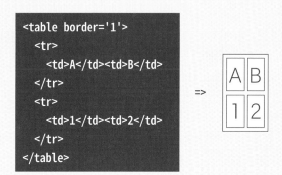

⑤汎用のブロック
　<div>...</div> で複数の要素をグループとしてまとめることができます。

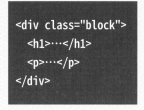

> CSSやプログラムから何らかの処理を行いたいときに設定します。
>
> ⑥横棒
> 　横棒は <hr> で設定します。終了タグは不要です。
>
> ⑦画像
> 　画像の挿入には <img> を使用します。src には画像ファイルを指定し、alt には画像が表示されない環境で閲覧した場合に表示する文字列を設定します。
>
> ```
> <img src="sample.jpg" alt=" 見本の画像 ">
> ```
>
> ⑧リンク
> 　リンクを設定するには <a>...</a> を使用します。href にはリンク先の URL を指定します。
>
> ```
> <a href="URL"> リンクはこちら </a>
> ```
> 　　=>　　リンクはこちら

8.4.2　CSS

CSS（Cascading Style Sheets）とは、HTML 文書にデザインやレイアウトなどのスタイルに関する設定を行う言語です。図 8.11 の内容をテキストエディタに入力し、「style.css」というファイル名で index.html と同じフォルダに保存しましょう。

```
body {
  margin: 5%
}
```

図 8.11　body の周りに 5%の余白を設定する CSS（style.css）

HTML 文書に CSS の内容を適応するためには、図 8.12 のように index.html に style.css を読み込むためのタグを追加します。

```
<!DOCTYPE html>
<html lang="ja">
<head>
<meta charset="UTF-8">
<title> 私のページ </title>
<link rel="stylesheet" href="style.css">
</head>
<body>
<h1> 私のページ </h1>
<p> ここに文章を入力 </p>
</body>
</html>
```

図 8.12　スタイルシートを読み込むためのタグを追加（index.html）

上書き保存したら、index.html をブラウザで開き、レイアウトの変化を確認してみましょう。ページ全体に 5％の余白が生まれます。

CSS では、まず変更を加えたい要素や id, class 名を記述し、{} の中にデザインやレイアウトなどの設定を記述します。図 8.11 では「body」の要素に「margin:」を「5％」にするという設定が記述されています。

8.4.3　JavaScript

JavaScript はクライアント側（☞第 3 章、p.041）で動作するプログラミング言語の一つです。動的な Web ページを作成する際によく利用されます。JavaScript は単独で動作するだけでなく、HTML のタグの中に埋め込んで、「マウスでクリックされた」といったイベントが起きたときに実行することもできます。

図 8.13 の例では「クリックしてみよう」の文字をマウスでクリックすると、「OK」に書き換えられます。<p> タグの中の「onclick="..."」が JavaScript のプログラムで、マウスがクリックしたときの動作を指定しています。

```
<p onclick="this.innerHTML='OK'"> クリックしてみよう </p>
```

図 8.13　文字をクリックすると別の文字に書き換える例

他にも、図 8.14 の例のように <img> タグの中に「onmouseover="..."」と「onmouseout="..."」を埋め込むことで、表示している画像（A.jpg）にマウスカーソルを重ねると別の画像（B.jpg）に変わり、マウスカーソルが画像から離れると元の画像（A.jpg）に変えるといったこともできます。

```
<img src="A.jpg" alt=" 画像 "
     onmouseover="this.src='B.jpg'"
     onmouseout="this.src='A.jpg'">
```

図 8.14　マウスカーソルの動きで画像が切り替わる例

つなげよう

☐　自分の好きなものを紹介する Web ページを作ってみよう。

第9章

データ分析の基礎

つながるキーワード

情報Iでは、問題解決とその方法として、データの活用を学びました。本章では、データ活用の基礎知識を学びます。

- 問題解決
- データ活用
- データリテラシー
- ビックデータ
- 相関

ゴール

データ活用の基礎を学び、身近なデータを分析できるようになろう。

9.1 社会におけるデータ活用

第6章では、表計算ソフトを用いたデータ処理を学びました。本章では、現代社会におけるデータの役割について解説します。データを扱う実践的な方法を理解しましょう。

私たちの周りには、想像もできないほどの大量のデータがあふれています。たとえば、スマートフォンで何かを検索したりアプリを使ったりするたびに、その利用情報は記録されているのです。これらの膨大なデータをまとめて「ビッグデータ（Big Data）」と呼んでいます。

ビッグデータの特徴は、大きく分けて四つあります。量（Volume）は、データの量が膨大であることです。速さ（Velocity）は、データがものすごいスピードで生成されることです。種類（Variety）は、文字や数字だけでなく、画像や動画など、様々な種類のデータがあることです。正確さ（Veracity）は、データの正確性や信頼性も重要ということです。データは、ただ単に多くの情報があるだけでは意味がありません。これらのデータを分析し、そこから新しい価値を見つけ出すことが、ビッグデータの活用といえるでしょう。たとえば、過去の販売データから今後どんな商品が売れるのかを予測したり、SNSの投稿から世の中のトレンドを分析したりすることができます。データは、個人・企業・政府が生成するとし、表9.1の四つに分類できます。

表9.1 ビックデータの分類

名称	主体	定義
オープンデータ	政府：国、地方自治体	政府や地方公共団体などが保有する公共情報について、データとしてオープン化を強力に推進することとされているもの。
知のデジタル化	企業	暗黙知（ノウハウ）をデジタル化・構造化したデータ。農業やインフラ管理からビジネスなどに至る産業や企業がもち得るパーソナルデータ以外のデータ。
M2Mデータ	企業	M2M（Machine to Machine）から吐き出されるストリーミングデータ。産業の過程において、IoT機器から収集されるデータ。
パーソナルデータ	個人	個人の属性情報、移動・行動・購買履歴、ウェアラブル機器等から収集された個人情報を含む。

＊企業データである知のデジタル化とM2Mデータを合わせて「産業データ」と呼びます。

たとえば、個人のパーソナルデータとして、クレジットカードの利用履歴があります。クレジットカードは、現金を持ち歩く必要がない利便性がありますが、いつ・どこで、買い物を行ったのかなどの情報が蓄積されています。これらのデータは、蓄積するだけではなく、企業によって分析され、商品開発や消費者の購買行動につながるような施策に用いられています。

9.2 データリテラシーの基礎

9.2.1 データを利用する

(1) オープンデータ

　オープンデータとは、誰でも自由に使えるように公開されたデータのことです。国や自治体、企業などが保有している、人口データや交通情報、気象データなどがオープンデータとして公開されています。データを複製して利用したり、データを加工して利用したり、加工したデータを他の人にも配布できたりといった使い方が可能です。オープンデータを公開することで、市民や研究者が地域の状況を把握したり地域の問題を解決することにつなげたり、地図や天気情報などをアプリやサービスで利用したりすることができます。

(2) アンケート調査法

　卒業研究では、自らが研究テーマを設定し、取り組みます。その際には、アンケートを利用した分析を行うケースもあります。アンケート調査とは、調査する内容に関する質問項目を準備して、調査対象者に回答してもらいデータを集める方法です。アンケート調査は、結果に基づき、様々な比較ができるメリットがあります。しかし、曖昧な設問を設定すると、調査回答者が深く考えずに回答してしまったり、質問項目を読み間違えてしまったりすることもあります。アンケート調査を実施する際には、①目的の明確化、②適切な統計処理の方法についてあらかじめ設定しておきましょう。

9.2.2 データを説明する・扱う

　データには、個数などの数量（1個、10グラム）を表す量的データ（定量データ）と、性別や種類を表す質的データ（定性的データ）があり、尺度として4分類することができます（表9.2）。

表9.2　データの分類

種類	尺度水準	意味	例
量的データ	比率尺度	原点（0の基準）が決まっていて、間隔的にも比率的にも意味がある比率を表すデータ	長さ、重さなど
	間隔尺度	目盛りが等間隔になっているが、比率には意味をもたないデータ	温度、偏差値など
質的データ	順序尺度	順序には意味があり、間隔には意味がない数値を割り当てたデータ	震度、等級など
	名義尺度	分類や区分のために名前や特性で表したデータ	学籍番号、血液型など

9.2.3　データの集計種類

データの集計は、単純集計とクロス集計があります。

単純集計とは、それぞれの項目ごとに回答数や比率を記載する方法です。クロス集計とは、複数の属性や質問項目を度数で表す方法です。回答について、男女で分けたり、年代で分けたりすることにより、項目間の相互関係を明らかにすることができます。

9.2.4　データを表すグラフ

第6章では、基本的なグラフを紹介しました。ここでは、データ分析に利用されるグラフを解説します（図9.1）。

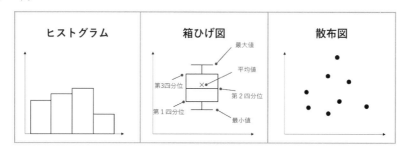

図9.1　グラフの種類

(1) ヒストグラム

量的データの分布の散らばりの傾向を表すグラフです。値を区間に分けて、その区間に含まれるデータの個数を棒の長さで表します。棒の長さは、相対度数を利用するケースもあります。

(2) 箱ひげ図

箱ひげ図でもデータの散らばり具合を表すことができます。箱ひげ図は、箱と箱から延びる棒（ひげ）を使って表しています。箱ひげ図では、データの中央値、最小値、最大値、第1四分位点、第3四分位点の位置を表しています。

第1四分位とは、データを中央値で、値が大きい値と小さい値に分けたときに、小さいデータの中央値を指します。第3四分位とは、大きい値の中央値を指します。ただし、データの個数によって取扱いが異なります。偶数個であれば、同数を二つの集団に分けますが、奇数個の場合は、中央値を除いて、小さいデータと大きいデータに分割する場合と、中央値を小さいデータと大きいデータ両方に含める場合があります。

(3) 散布図（相関図、X-Yグラフ）

二つの変数を縦軸・横軸にして、データが当てはまるところに座標に置いたグラフです。二つのデータに関係があるのかを見ます。散布図を確認することで、相関の強さを視覚的に確認することができます。

9.2.5　基本統計量

分析に用いるデータに、どのような特徴があるのかを示すために用いられるのが、基本統計量です。基本統計量を確認すれば、データの基本的な性質を知ることができます。基本統計量は、一般的に以下の値を示します（☞関数は第 6 章、p.111 を参照）。

(1) 平均値
　データ（標本）の和を標本の大きさ（データの数）で割ったものです。

(2) 標準偏差（standard deviation, S.D.）
　データの散らばりを測る指標です。データの散らばりが大きいほど値は大きいです。データの散らばりが小さければ、値は小さいです。分散の正の平方根が標準偏差です。

(3) 分散（variance）
　データの散らばりを測る指標です。標準偏差と同様に、データの散らばりが大きいほど値は大きいです。データの散らばりが小さければ、値は小さいです。

(4) 最大値
　データの中で、一番大きな値です。

(5) 最小値
　データの中で、一番小さな値です。

(6) 中央値
　データを値の順に並べたときに、半分の場所にある値が中央値です。

(7) 標本数（サンプルサイズ）
　データです。データの個数が少なすぎると、分析の精度が低くなります。

9.2.6　相関

データの関係性を示す考えに、相関関係があります。相関とは、二つの量的変数に関して、一方の変数の値の増減が、もう一方の変数の値の増減に直線的な関係があるときに、二つの変数間は、相関関係をとります。

相関には、正の相関と負の相関があります。正の相関とは、どちらかが大きくなれば、他方も大きくなるという関係です。負の相関は、どちらかが大きくなると、他方が小さくなる場合です。

相関関係だけではなく、相関の強弱を示す指標として相関係数があります。相関係数は、-1 から 1 までの値をとり、以下のような特徴をもちます。「|r|」は r の符号を問わない大きさを表す絶対値

です（表9.3）。

①正の相関が強いと相関係数が1に近づく。
②負の相関が強いと相関係数が−1に近づく。
③相関係数が1または−1のときは完全相関という。
④相関係数が0の付近は相関がないといえる。

表9.3　相関係数と相関の強さ

相関係数（r）	相関の強さ
$0.7 < |r| \leq 1$	強い相関
$0.4 < |r| \leq 0.7$	中程度の相関
$0.2 < |r| \leq 0.4$	弱い相関
$|r| \leq 0.2$	相関なし

相関関係に着目した分析は、相関係数を算出するだけではなく、散布図を作成して、二つの変数の関係性を確認しましょう（図9.2）。

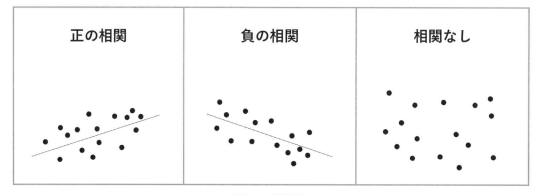

図9.2　相関関係

正の相関がある場合、散布図は右肩上がりの傾向があります。
負の相関がある場合、散布図は右肩下がりの傾向があります。

9.3　実践　相関係数を計算しよう

9.3.1　ステップ1　散布図を作成しよう

Excelを利用すると、データに基づいた散布図を作成することができます。

① たとえば、図9.3のようなデータを準備します。そして、必要な変数を選択します。事例は、最高気温とアイスクリームの売り上げ個数です。
② データを選択したあと、[挿入] タブ → [グラフ] グループから [散布図] を選択すると、図9.4のような散布図ができます。
③ できあがった散布図を見て、相関関係を確認しましょう。この場合、グラフに右肩上がりの傾向が見られる正の相関に見えます。

	A	B	C
1	日付	最高気温(度)	アイスクリームの売り上げ個数
2	5月1日	17.3	50
3	5月2日	25.2	70
4	5月3日	23.9	75
5	5月4日	11.2	19
6	5月5日	14.5	21
7	5月6日	17.8	23
8	5月7日	18.4	40
9	5月8日	13.3	20
10	5月9日	20.5	53
11	5月10日	27.3	80

図9.3　利用データの例

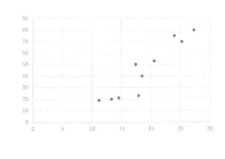

図9.4　散布図

9.3.2　ステップ2　相関係数を計算しよう

Excelでは、CORREL関数を利用して、相関係数を計算することができます（☞関数の基本的な利用は第6章）。図9.5のデータを利用して計算すると、0.94という値でした。この場合、相関係数から、強い相関があるとわかります（表9.3）。

```
CORREL(範囲1, 範囲2)     ／    範囲1と範囲2の相関関係を求める
```

$$=\text{CORREL}(B2:B11,C2:C11)$$

図9.5　CORREL関数の例

9.4 データを扱う上での留意点

世の中の事象をデータで眺めてみると、今まで気が付かなかったことを発見することがあります。データ分析の面白さを知ると、データが宝の山に見えるでしょう。しかし、データ分析に関わるルールを守ることも重要です。

9.4.1 個人情報の保護

個人情報法によると、個人情報とは、「生存する個人に関する情報であって、氏名や生年月日などにより特定の個人を識別することができるもの」としています。授業や卒業研究でアンケート調査を実施した場合は、個人情報が特定されないように注意をしたデータの取扱いが必要となります。

また、個人情報に関連する情報を取得する場合は、①取得の目的を示しその範囲内で利用すること、②情報漏洩が乗じないように管理すること、などに注意が必要です。

9.4.2 情報セキュリティ

データを保管する上では、情報セキュリティに気を付けて、対策を講じましょう。特に、保管については、機密性・完全性・可用性の観点が重要になります。

機密性とは、第三者に情報を閲覧されたり、利用されたりしないことです。情報を守る手立てとして、ログイン時のパスワードを設定するなど、アクセスに制限をかけることも有効です。また、不正アクセス対策として、不審なメールを開かないなどの普段からの行動に気を付けることも重要です。次に、完全性とは、情報の書き換えが起こらないようにしていることです。データの取扱いについて、ファイル共有時の編集者の権限にも気を付けることで、不用意な書き換えが起こらないような注意を払いましょう。可用性とは、情報を利用するときに、利用できる状態になっていることをいいます。そのための、適切な情報管理を行いましょう。

9.4.3 適切な利用

データの盗用や捏造などの不正行為は絶対に防がなければなりません。自分は、ルールを守っているつもりでも、不適切な情報の管理や認識の甘さにより、不正行為につながるケースもあるでしょう。データの取扱いについては、自らの責任を十分に認識しましょう。

つなげよう

☐　オープンデータをインターネットで検索してみよう。

索引

A〜Z

CSS ································· 138
DBMS ························ 018, 133
HTML ······························ 136
IPアドレス ························· 017
LAN ································· 040
POSシステム ······················ 135
Python ····························· 130
WAN ································ 040

Word

アウトラインの設定 ················ 069
インデント ··························· 067
箇条書き ····························· 070
参考文献のリスト化 ················ 071
式番号の挿入 ······················· 083
新規 ·································· 062
数式の挿入 ·························· 082
図の挿入 ····························· 073
図表番号の挿入 ···················· 078
相互参照 ····························· 079
表の挿入 ····························· 075
フォントサイズ ······················ 065
フッター ······························ 085
ページ区切り ························ 086
ページ番号 ·························· 072
ヘッダー ······························ 085
保存 ·································· 063
名称 ·································· 063
目次の挿入 ·························· 081
文字装飾 ····························· 066
用紙設定 ····························· 065

Excel

グラフ ································ 100
クロス集計表 ······················· 104
罫線の追加 ·························· 097
桁区切り ····························· 098
削除 ·································· 092
シートの追加 ······················· 093
シート名の変更 ···················· 093
修正 ·································· 092
小数点 ······························· 098
数式の入力 ·························· 107
絶対参照 ····························· 108
セルの結合 ·························· 095
セルの選択 ·························· 091
セルの列幅の変更 ·················· 092
相対参照 ····························· 108
データの並べ替え ·················· 099
データの入力 ······················· 094
ピボットテーブル ··················· 104
フィル機能 ··························· 096
複合参照 ····························· 108

PowerPoint

アニメーション ······················ 124
音楽の挿入 ·························· 126
画像の挿入 ·························· 120
グラフの挿入 ························ 122
図形の挿入 ·························· 122
スライドショー ······················ 128
スライドのサイズ変更 ············· 117
スライドの追加 ····················· 118
スライドマスター ··················· 123
テキストの挿入 ····················· 119
発表内容の検討 ···················· 115
表の挿入 ····························· 122
ページ番号の挿入 ·················· 122
ペルソナ ····························· 114
メモ欄 ······························· 127
レイアウトの変更 ··················· 119

あ行

アンケート調査法	143
インターネット	017
引用	057
オープンデータ	143
オンライン会議	056

か行

キーボード	031
基本統計量	145
強制終了	023
クロス集計	104
検索エンジン	049
個人情報	148
コンピュータの終了	024

さ行

産業財産権	005
参考文献	059
実用新案権	005
順次構造	013
肖像権	003
商標権	005
情報検索	049
情報システム	018
情報セキュリティ	040
情報デザイン	010
情報発信	051
セキュリティ対策	044
相関	145

た行

タッチタイピング	030
単純集計	144
知的財産権	004
著作権	005
データの種類	104
データベース	018, 133
テキストエディタ	028
テキストエディット	028
電子メールのマナー	051
特許権	005

な行

ネットワーク通信	017

は・ま・や・ら・わ行

パケット	017
パスワード	044
パブリシティ権	003
反復構造	015
ビッグデータ	142
ファイアウォール	043
ファイル	034
フォルダ	034
プログラミング	130
プロトコル	017
分岐構造	014
ホームポジション	030
マウス	026
マルウェア	043
無線LAN	026
メールアドレス	051
モデル化	016
リレーショナルデータベース	018, 133

関数一覧	111
基本統計量	145
基本の関数	109
よく使うキーの働き	032

主な記号の読み方

"	ダブルクォーテーションマーク	.	ピリオド（ドット）
#	番号記号 , シャープ	[ ]	大かっこ
$	ダラー（ドル）	{ }	中かっこ
%	パーセント	( )	かっこ（小かっこ）
&	アンド（アンパサンド）	< >	不等号
'	アポストロフィ（シングルクォーテーションマーク）	/	スラッシュ
@	アットマーク	\	バックスラッシュ
*	アスタリスク	_	アンダーライン（アンダーバー）
:	コロン	~	チルダ
;	セミコロン	|	バーティカルバー
,	コンマ	^	ハット
=	等号（イコール）		

【監修者】

兼宗 進（かねむね すすむ）

大阪電気通信大学工学部電子機械工学科
教授・副学長。博士（筑波大学）。専門はプログラミング言語と情報科学教育。多数の書籍の編著、監修に携わる。

石塚 丈晴（いしづか たけはる）

大阪電気通信大学メディアコミュニケーションセンター
教授。博士（関西大学）。専門は情報科学教育、教育工学。主にICTを活用した学習者用・教師用システムを研究。

【著者】

荒木 千秋（あらき ちあき）

大阪電気通信大学メディアコミュニケーションセンター
特任講師。博士（神戸大学）。金融リテラシーと情報リテラシーに関わる分野を研究。第1章(1.1/1.2)、第4章、第6章、第7章、第9章の執筆を担当。

島袋 舞子（しまぶく まいこ）

大阪電気通信大学メディアコミュニケーションセンター
特任講師。博士（大阪電気通信大学）。専門はプログラミング基礎教育と情報科学教育。第1章(1.3/1.4)、第2章、第3章、第5章、第8章の執筆を担当。

組版・装丁　安原悦子
編集　赤木恭平

- ■ 本書に記載されている会社名・製品名等は、一般に各社の登録商標または商標です。本文中の ©、®、TM 等の表示は省略しています。
- ■ 本書を通じてお気づきの点がございましたら、reader@kindaikagaku.co.jp までご一報ください。
- ■ 落丁・乱丁本は、お手数ですが（株）近代科学社までお送りください。送料弊社負担にてお取替えいたします。ただし、古書店で購入されたものについてはお取替えできません。

つながるコンピュータリテラシー
情報Ⅰの復習から活用スキルまで

2024 年 11 月 30 日　　初版第 1 刷発行

監修者	兼宗 進・石塚 丈晴
著　者	荒木 千秋・島袋 舞子
発行者	大塚 浩昭
発行所	株式会社近代科学社
	〒101-0051 東京都千代田区神田神保町1丁目105番地
	https://www.kindaikagaku.co.jp

・本書の複製権・翻訳権・譲渡権は株式会社近代科学社が保有します。
・JCOPY ＜（社）出版者著作権管理機構 委託出版物＞

本書の無断複写は著作権法上での例外を除き禁じられています。複写される場合は、そのつど事前に（社）出版者著作権管理機構(https://www.jcopy.or.jp, e-mail: info@jcopy.or.jp)の許諾を得てください。

© 2024　Susumu Kanemune・Takeharu Ishizuka・Chiaki Araki・Maiko Shimabuku
Printed in Japan
ISBN978-4-7649-0720-1
印刷・製本　藤原印刷株式会社